गीत पुनर्नव

(कोरोनापरक काव्य)

गीत पुनर्नव

कामना सिंह

भारतीय ज्ञानपीठ

लोकोदय ग्रन्थमाला : ग्रन्थांक 1532

ISBN : 978-93-90659-85-2

गीत पुनर्नव

(कोरोनापरक काव्य)

कामना सिंह

GEET PUNARNAV

(Poetry Collection)

by Kamna Singh

सिटी प्रेस, दिल्ली-110 095 में मुद्रित

Published by

Bharatiya Jnanpith

21-A, Daryaganj, New Delhi-110002

Ph.: +91 11 23273167, 23275710

e-mail : vaniprakashan@gmail.com

sales@vaniprakashan.in

website : www.vaniprakashan.com

First Edition : 2026

Price : Rs. 350

भूमिका

सभी जानते हैं कि कोरोना वायरस ने न जाने कितने घर–परिवार बरबाद कर दिए। कितनों को तोड़कर छोड़ दिया। मनुष्य की हार का सबूत है महामारी। पर जब तक मनुष्य के अंदर दूसरों का दुःख–दर्द महसूसने की ताकत है, तब तक मनुष्यता की हार नहीं हो सकती। 'गीत पुनर्नव' दर्द के पारावार से निकल क्षितिज के छोर तक जाने की कहानी है। भटकते, लड़खड़ाते, गिरते मनुष्य के संभल जाने की कहानी। सारी उपलब्धियों से ऊपर है मनुष्य का मनुष्य हो जाना, अपने को पहचान पाना। एक नियामत है जीवन जीने की कला आना। एक पल आत्मज्ञान–आत्मपरिचय का और सारी पराजय जय में बदल जाती है। 'गीत पुनर्नव' आपके हाथों में—

कामना सिंह

8.8.2021

एक शोकगीत

आज एकाकी, नदी के किनारे
जलती चिताओं के बीच, आधी रात
इधर-उधर मँडराता, खुद से बतियाता
ढूँढ़ता अपना खोया संसार।
एक विश्वास,
प्रेम गर अजर-अमर
तो पाऊँगा तुम्हें, शाश्वती
फिर से एक बार।
थका, पर विश्वास से भरा मैं
आज एकाकी नदी के किनारे।

विश्वास से भरा मैं,
फिर भी संशय साथ
क्या सही हूँ
क्या सही मेरा विश्वास!
बार-बार पूछता मन
क्यों छोड़ जाता कोई किसी को,
और क्यों छूट जाता कोई

जबकि
प्यार के अनगिन वादे
साथ रहने के किए जाते हैं,
प्यार से लबरेज़ लमहे
साथ ही तो जिए जाते हैं,
फिर क्यों नहीं पार उतरते
लोग प्यार में डूबकर?

विश्वास–दीप हमने जलाया था,
आँधियों में प्रेम मुस्कराया था,
आकंठ अवगाहन प्रीति में
लय थी जीने की रीति में।
आज दिशाओं से प्रतिध्वनित प्रश्न
कानों में पड़ते बार–बार,
क्यों वह प्यार
एक तलाश बन गया,
धारा सम बहता जीवन
कब प्यास बन गया?

पतझड़ सा मन, चाहता सावन
एक बार फिर हम साथ हो जाएँ।
जो शुरू भर किया था,
कम से कम,
प्यार का वह गीत पूरा तो गाएँ।
गवारा नहीं एकाकीपन
तुम मुझे छोड़ गईं, इसे मानने को तैयार नहीं मन
इसीलिए आज नदी के किनारे
ढूँढ़ रहा हूँ तुम्हें, जलती चिताओं के बीच।

शाश्वती, आओ दो लमहे
सितारों से उतर
भूख–प्यास से इतर
निःस्वार्थ, निर्द्वंद्व, निडर
हम साथ बैठें कहीं।
कुछ सुनें, कुछ गुनें,
प्रेम धागा, मन तकली
फिर एक नया सपना बुनें।
सपना, ज़िंदगी के साथ का
धड़कनों की बात का
महकते प्यार की
इंद्रधनुषी सौगात का।

पर सपना कौन सा?
जो टूट गया काँच सा,
या जला रहा आँच सा?
जिसके टुकड़े चुनता मैं
या शब्दों से बुनता मैं
अपना शोकगीत।

समेटता टूटे टुकड़े स्वप्न के,
आँसुओं की स्याही से
समय के पत्र पर
समय की गवाही से,
कदम–कदम निःशब्द मैं
गुन रहा एक–एक पंक्ति
शोकगीत की।

गीत हुआ शुरू आहों–कराहों
आँसुओं से डूबी धुँधली बंद राहों से।
हृदय में टीस, कभी दर्द बेतहाशा।
स्थायी गीत के मुखड़े
अंतर की ग्लानि अंतरा,
कड़ियाँ जुड़ती जातीं
एक के बाद एक।
और क्या चाहिए भला
दर्द भरे राग के लिए,
संसार से विराग के लिए?
स्थायी दर्द, वेदनापूरित अंतर
शोकगीत निरंतर!

मैं हारा थका–टूटा, लाचार
परिस्थितियों से बेबस
स्वयं से बेज़ार,
चीत्कार मेरा मन
रह–रह काँपता बदन
नदी का किनारा, चिताओं की पाँत
ज़िंदगी ठहरी, थमी हुई रात।

अंबर साक्षी
शोकमयी रात का
असमय मिली
आकस्मिक घात का।
जला आया मैं पूँजी
प्राण सम प्यारी
पीछे छूटी जो नगरी

खाक लगती सारी।
नगरी में हलचल कहाँ
बेबस शांत है,
कोरोना का आतंक है और
और ....
और लॉकडाउन की रात है।

दर्द से शुरू मेरा गीत
कितनी ही यादों के साये
दम साधे चले आए,
देखने मेरा बेहाल हाल
टीसते पल-पल
बनते सवाल,
'सब ठीक चल रहा था
क्यों यह महामारी आई?
चले गए कितने ही अपने
क्यों न मेरी बारी आई!'

नहीं जानता उत्तर इस प्रश्न का।
महामारी के साथ लड़ते
जीवन की जंग हारता कोई,
हर बार एक मौत मैं
मरता चला जाता हूँ,
बचा ही कहाँ हूँ
बिखरा हूँ, टूटा हुआ
कब किससे छिपाता हूँ?

आपदा ने मुझे पल-पल तिल-तिल मारा

अब खड़ा हूँ यहाँ महज़
शोकगीत सुनाने,
सच को सच समझाने,
ताकि आने वाला समय देखे
कभी-कभी अपनी गलती
कितनी भारी पड़ जाती है,
शुरू हो एक कोने से जो
वह बीमारी भी
महामारी बन जाती है।

भला जरूरत क्या थी
इस अंधेरी रात में
यों शोकगीत के मिस
अपना दुःख जतलाने की?
जबकि शाश्वत सत्य यह
इस विषम समय दुनिया में
दुःख का पारावार लहरा रहा
दर्द मनुज को पत्थर बना रहा।
पत्थर बनी दुनिया के पथराये लोग
कहाँ जा रहे नहीं जानते
क्यों सुनेंगे मेरा गीत
जब मुझे नहीं पहचानते?

फिर भी मन तो मन है,
तलाशता
दुनिया के कोने-कोने में
प्रेम के निशान,
विरह का गीत गाते हुए

क्योंकि
सृष्टि का पहला छंद
'आह' से ही आया था,
दुःख अन्तर का गीत बन
दिशाओं में छाया था।
हुई दिशाएँ स्वरमयी
जब स्वर निकले अंतरतम से,
सुना वह छंद धरा-गगन ने
कोटि-कोटि नयन नम से।

❑

मेरा जीवन–संगीत तुम

थका मन, टूटा तन
दिशाओं से प्रतिध्वनित रुदन
करुण झंकार वेदनामयी
मेरे शोकगीत की।
गीत, जिसके हर छंद से
प्रीति की सुवास आती है
गीत, जिसकी हर पंक्ति
प्रेमकथा सुनाती है।

यों तुम्हें जानने से पहले भी
मेरी दुनिया में स्पंदन था,
नाना रंग जीवन के
कहीं हास्य, कहीं क्रंदन था।
मन में थी मेरे
सपनों से सजी दुनिया,
और नई दुनिया सजाने के
सपने थे मेरे मन में।

किंतु अन्तर का एकाकीपन
डसता चला जाता,
मन का खालीपन दिन-दिन
बढ़ता चला जाता।
तलाश ऐसी किताब की
जिसमें पढ़ सकूँ स्वयं को
या मिले ऐसा कुंभकार
जिसके हाथों गढ़ सकूँ स्वयं को।

जिसकी चाहना थी
वह संसार तुमसे मिला,
नहीं जाना पहले कभी
ऐसा प्यार तुमसे मिला।
साथ मेरे सभी अपने
पर जिसके संग एकलय सारे सपने
वह तुम थीं - शाश्वती,
सिर्फ़ तुम थीं।

सपनों का आधार तुम
खुशियों का आगार,
मन कुछ ऐसे मिले हमारे
बदल गया संसार।
बचपन का साथ हमारा
परिचय बरसों पुराना,
पर कितने बाद में हमने
एक-दूजे को जाना।

दोस्ती हमारी, प्यार बनी,
लमहा-लमहा,
भूल ही गया

कभी घूमता था मैं तनहा।
तुममें मैंने अपने स्वप्नों को
साकार देखा,
हाँ, तुम ही थीं जीवन की,
प्यार वाली रेखा।

पल-पल स्पंदित मन
देखने लगा स्वप्न,
नि:सीम रेखाओं वाले
अनुरागी जिसके रंग।
महकी-चहकी सी
आस वाली दुनिया,
प्यार से भरी
विश्वास वाली दुनिया।

डूब गया सपनों में
हाथ थाम तुम्हारा
स्वप्नमयी सहचरी प्रिया
चिर मिलन हमारा।
शाश्वती! मेरी संगिनी,
मोहिनी-मानिनी,
जीवन संगीत में घुली
प्यार की रागिनी।

हमारी सोच अचानक एक हुई,
ऐसा नहीं।
सोच पहले से ही एक थी
कमी थी बस पता चलने की।
'छब्बीस साल की ज़िंदगी में
पहली बार जाना, किसे कहते हैं प्यार

साथ चलेंगे हम-तुम तो
पतझड़ भी बनेगी बहार।'
तुमने मुझसे कहा
और हो गए हम
हमकदम, हमविचार
साथ जीने को तैयार
यहाँ तक कि तैयार
साथ मरने को भी।

न, तब मरने वाली बात न थी।
ज़िंदगी के गीतों में
रिला-मिला उजाला,
आँसुओं वाली रात न थी।
मेरे हाथ में तुम्हारा हाथ था
या कि ज़िंदगी का साथ था।
ज़िंदगी प्रेम,
ज़िंदगी रास।
ज़िंदगी रंग,
ज़िंदगी आस।

हम दोनों साथ साथ
प्रेमगीत गाते,
खुशियों की नदी में
जीवन नाव बढ़ाते।
नाव ज़िंदगी की, ज़िंदादिली की।
समानान्तर समय के चलते हम
अपनी दुनिया सजाए,
प्रेम-पगे दो पंछी
तान से तान मिलाए।

वह समय था जब हम
सपने देख रहे थे घरौंदा बनाने के
यों तो बँधे थे हृदयों से,
पर और ज्यादा बँध जाने के।
सुनहरे दिन, सितारों वाली रात,
पल–पल होती प्यार की बरसात।
हम प्यार को जी रहे थे
घूँट–घूँट जीवन पी रहे थे,
तब वायरस कहाँ था
वायरस की आहट भी कहाँ?

तुम्हारा प्रश्न – 'जीवन का गीत क्या?'
'जीवन!' मैंने कहा।
'इस गीत का आधार?'
'प्रेम!' मेरा उत्तर।
'प्रेम का स्वरूप क्या?'
'समर्पण!'
'समर्पण का कारण?'
'विश्वास!'
'विश्वास क्यों?'
'क्योंकि...
...प्रेम बस प्रेम होता है।' मैंने कहा।
'हाँ प्रेम बस प्रेम होता है।' तुम बुदबुदाईं।

किसी सोच में डूबी मूर्तिवत्
'प्रेम बस प्रेम होता है'
दोहराती जा रही थीं
साथ ही प्रश्न उठा रही थीं,
'कितनी राहें प्यार की

प्यार के कितने रूप
प्यार गर ज़िंदगी में
अकिंचन भी भूप।
विश्व, हम अपने प्रेम को
अमर कर पाएँगे?
एक-दूसरे के साथ जी न पाए
एक-दूसरे के संग मर पाएँगे?'

प्रश्न तुम्हारा आज भी
मेरे मन की आँखों में
प्यार की हथेलियों पर रची-बसी
हिना की खुशबू सा
रंग हलका पड़ता नहीं
दिनोंदिन गहराता है,
रोकना चाहूँ स्वयं को
उत्तर बरबस मुँह में आता है,
'शाश्वती, जब तक रहें, साथ रहें
और जब नहीं रहें, तो भी साथ रहें,
यही मेरा संकल्प
प्रेम का नहीं दूजा विकल्प।
प्यार की डोर से बँधे हम
प्यार की मिसाल बनेंगे,
एक साथ जी न सके गर
एक साथ मर तो सकेंगे।'

❑

कहाँ से कहाँ पहुँच गए हम

शोकगीत हमारा
हमारे प्रेम का
पर इसमें 'हमारे' शामिल हैं।
एक छंद हमारी प्रीति का
तो सौ अफ़साने हमारे अपनों के।
अंतर रहा ही कहाँ
हम में और हमारों में,
एक हो गए हैं सभी
एक में रिले-मिले।
कितनी चिताएँ
किसकी कौन-सी
क्या मैं अंतर कर पा रहा हूँ,
उससे भी बड़ी बात
क्या मैं अंतर करना चाह रहा हूँ!

हर चिता में तलाशता तुमको
हर चिता में तुमको पा रहा हूँ।
कितना रोऊँ, चीखूँ, चिल्लाऊँ

आँसू थमते नहीं,
जो जल रहे हैं मेरे अगल-बगल
मन में बस गए हैं
बाहर निकलते नहीं।
आग मेरे दिल को जलाए जाती है
देख रहा हूँ दूर जहाँ तक
अपनी ही चिता नजर आती है।
कितना जलाया इस वायरस ने मुझको
खत्म किया कितना,
शोकगीत रच रहा हूँ मानो
अपने ही मरने पर।

घूम रहा एकाकी
नदी के किनारे
जलती चिताओं के बीच।
एक आवरण चेहरे पर, मास्क कहते हैं जिसे
पर मन पर कोई आवरण नहीं, बंधन नहीं
मन बह रहा समय संग।
जलती चिताएँ किसकी हैं
क्या अलग-अलग पहचान पाऊँगा?
मरने वाले हैं किस घर के
सबके नाम-पते जान पाऊँगा?

इनमें कोई मेरा पराया नहीं
ये सभी मेरे अपने हैं।
मेरे गाँव, मेरे शहर के,
मेरे देश, मेरी दुनिया के।
किसी के साथ मैंने
जीवन बिताया,

किसी के साथ कभी रह न पाया,
पर इससे वह हुआ न पराया
क्योंकि
अपने बस अपने होते हैं।

गीत के बोल लिखे किसने
किसने गाया,
कौन कहाँ से चला था
कहाँ चला आया,
किसने खेत में अन्न उगाया
किसने खाया,
रिश्ता मानवता का
कौन तोड़ पाया?
कड़ी दर कड़ी
जुड़ता रहता है,
अलग दिखे भले पर
मानव बस मानव होता है।

आज अपने ठौर से दूर चला आया मैं
उस गली को कहाँ भूल पाया,
जहाँ मैंने बचपन बिताया, जीवन जिया,
तुमको पाया, तुमको गंवाया!
लग रहा है इन चिताओं के बीच
कोई चिता तो होगी मेरी भी
जिसमें मैंने स्वयं को लिटाया,
आग दी दूर से ही
दूर से सिर झुकाया,
क्योंकि.......
सिद्धांतों का खत्म होना

इंसान का खत्म होना है,
मर चुका था मैं पहले ही
बाद में कोरोना आया।

हाँ, महामारी आई
इसमें हमारी कमी भी शामिल है
आगे न हो ऐसी बदरंग,
दुनिया उन उपायों से गाफ़िल है।
मनुष्य की गफ़लत
या कि गुमान
कि कुदरत उस पर मेहरबान,
एक गर्वोक्ति
कि उसने समय पर अधिकार किया,
और बस हारता चला जा रहा है मनुज
हर मोर्चे पर
बार-बार लगातार।

कितने युद्ध लड़े इंसान ने समय के साथ
कितनी पराजय दर्ज हुईं धरा की बही में
किंतु
इस बार की हार जैसी
कोई हार नहीं,
कोरोना के वार जैसा
कोई वार नहीं।
एक दहशतअंगेज़ दास्ताँ,
बनी
मिसाल लापरवाही की
या कि तबाही की!

कितनी लंबी है आज की रात

याद आ रही है एक-एक बात।
खुली-खिली-सी सड़कें
दूर तक फैले खेत,
खेत के पास बने घर
खुले में बिछतीं चारपाई, लगते बिस्तर
प्रकृति का आँचल सुहाता था।
ताल का उजला पानी
मानो दर्पण,
उस पानी में देख स्वयं को
अंबर गीत सुनाता था।

कहाँ से हुई शुरूआत
असंतुलन की
विघटन की
विचलन की
आत्मालोचन की बेला में
सोचता जा रहा हूँ,
जितना सोच रहा हूँ
उतना पछता रहा हूँ।

त्राहि-त्राहि कर उठेगी दुनिया
कब सोचा था ऐसा
सामने कुछ और नहीं, मनुज को
बस दिखता था पैसा।
तरक्की, तरक्की
और तरक्की!
हाँ, तरक्की सदा रही हमारा ध्येय
चढ़ते रहे सीढ़ियाँ एक के बाद एक
चमकता-चमचमाता सा समाँ

रात और दिन का अंतर कहाँ!

बदलता रहा वक्त
इंसान भी बदलता रहा,
आगे बढ़ने की ख़्वाहिश लिए
न जाने किस दिशा बढ़ता रहा।
दिग्भ्रमित सा
तलाशता रास्ता,
गैरों से क्या जुड़ता, जब
अपनों से ही तोड़ा वास्ता।

तथाकथित उन्नति की पहचान
बदला हुआ इंसान।
समय के चक्र में
रिश्ते बने पत्थर,
पत्थर पर पड़ी दरारें,
दिलों की दूरी बनी पहाड़,
घात देते अपने ही
ले तरक्की की आड़।

बदलनी थी दुनिया
बदल भी गई।
आज न नहर, न ताल
न झील का स्फटिक सम पानी।
सोच पर जमी काई,
बोझ-सी यादें धुँधलाईं।

दु:ख धरिणी का हम
नज़रअंदाज़ करते रहे,
सप्रयास अपनी गलती

दूसरों पर मढ़ते रहे।
क्या दिखते धरा के आँसू
जिसके पटल को हमने
अति की राह चल बंजर बना दिया,
कदम दर कदम त्रुटियों का अंबार लगा दिया।

बढ़ता गया विरोधाभास
इसका जरा न हुआ आभास।
एक ओर बैंकों में भरा पैसा खर्च होने को आतुर
दूसरी ओर खाली पेट, सूखे अधर क्षुधातुर।
गाँव बनने लगे शहर
शहर सजे आलीशान,
तरक्की की होड़ में
पाषाण मन, पाषाण मकान।

प्रकृति का असंतुलन या
मनुज का छोटापन
कौन जन्म देता महामारी को?
क्या कोई शैतानी ताकत
प्रयोगशाला में बनाती
भयावह बीमारी को?
नहीं कह सकते, क्या हुआ
बस जो हुआ, बुरा हुआ।
एक असंतुलित समाज
गफ़लत का आलम
गलतियों पर गलतियाँ
विस्फोट बनी महामारी।

महामारी कैसी
यह तो काल है

न सुलझ रही ऐसी
समस्या विकराल है।
लग गई रोक तरक्की पर एकाएक
हम रोकना कहाँ चाहते थे?
और रोकना चाहा जिन्हें
नहीं रोक पाए उन्हें
दुनिया से जाने से।
मानो उलटी हो गई समय की घड़ी
पैसा देकर भी अपनों को बचाना हुआ मुश्किल
और जिसके पास नहीं है पैसा, वह क्या करेगा
यह सोचना ही बंद कर दिया हमने।

हवाओं में घुलते जहर का अंदेशा
कहीं आना-जाना थम गया
मिलते थे खुलकर अपनों से
वह सपना सा बन गया।
महामारी ने जीवन को
बनाया एक जंजाल
अपनों की सुध लें कैसे
जब अपनी हालत बेहाल!
स्वार्थ में डूबा हर कोई
रेत में नाव चला रहा
जीवन-समुद का खारापन
आज नज़र आ रहा।
पेट भी एक बवाल
अपने आपमें मिसाल
क्या कमाएँ, कैसे खाएँ
पैसा सबसे बड़ा सवाल!

पैसा!
जीवन के हर पहलू से जुड़ा पैसा!
इंसान को चलाने वाला पैसा!
इंसानों में भेद दिखाने वाला पैसा!
महामारी ने उस पर भी रोक लगा दी
थमा संसार
थम गया पैसा
मानो किसी ने टोक लगा दी।
क्या बच्चे, क्या बड़े
सभी किंकर्तव्यविमूढ़ खड़े,
मौलिक अधिकार कहाँ
महामारी ने कुठार मारी,
चहुँदिश फैला संत्रास
जीने की जुगत जारी,
बड़ी रोटी की समस्या
या बड़ी संक्रामक बीमारी?

शिक्षा साधन भी, साध्य भी
चाहते सभी दीप बनना-बनाना
दो अक्षर ज्ञान पा
जगत में जोत जगाना।
पर कूड़े में रोटी खंगालते मासूम,
हाथ आते संक्रमित मास्क
मासूम पेट भर लें, मरने से बच लें
फिर शिक्षा की सोचें।
भोजन की तलाश में जाएँ कहाँ
चारों ओर संक्रमण ही संक्रमण
जीवन के अधिकार पर
वायरस का आक्रमण।

अनवरत प्रयासों के बावजूद
जाने कितने बच्चे
अपनी प्राथमिक शिक्षा को तरस रहे।
जो थोड़े बड़े हैं उनके ज़ेहन में स्कूल
बनता जा रहा एक याद!
और किशोर, नवयुवा
जब जिम्मेदारी हड़काने लगी
तो बढ़ती बेरोजगारी उन्हें
महामारी से भी ज्यादा विकराल
नज़र आने लगी।

इस महामारी ने जीने के सारे रास्तों पर
रोक लगा दी
कैसे पाए मानव मूल अधिकार
जब साँसों पर ही अधिकार नहीं रहा उसका।
कैसे पढ़ेगा, कैसे बढ़ेगा देश का भविष्य
जब फीस ही नहीं भरेगा स्कूल की।
पैसा!
जीवन के न जाने किस-किस
पहलू से जुड़ा पैसा
महामारी के भय के साथ
डेढ़ बरस का अरसा!

कितना बदलेगा हमें वायरस
कितने बदले लेगा?
मोबाइल पर बजती घंटी डराने लगी
हर घंटी के साथ किसी अपने के
प्रयाण की सूचना आने लगी।
घंटी बंद कर देना-एक आसान रास्ता

कौन मरा, कौन जिया–किससे–क्या वास्ता ?
बदलते संस्कार
मोहभंग का दौर जारी
तेरहीं, अस्थि–विसर्जन
सभी को मारती महामारी !

श्मशान में टोकन
अंतिम संस्कार की प्रतीक्षा,
फ़ुटपाथ और पार्क भी
श्मशान नज़र आने लगे।
आर्तनाद, चीत्कार,
दुर्दशा का दौर,
बेबसी, नाकामी,
हताशा, निराशा !
जो शब्द जीवन के शब्दकोश में नहीं थे
आज वही हमें चलाने लगे,
जहाँ जगह मिल जाए, वहाँ लोग
परिजनों को जलाने लगे।

❑

कैसा था पिछला वसंत

भय के साये साथ थे
और सहमे से गात थे
कैसा था पिछला वसंत
धुंधलाई यादें बाकी हैं।
संक्रमण फैला जो सदी पहले
उसकी छवियाँ
ज़ेहन पर भार, बरकरार
हम नहीं थे सदी पहले
पर पुरानी बातें हज़ारों-हज़ार।
प्लेग-काली मौत, स्पेनिश फ़्लू की यादें
देह को कँपकँपाने के लिए काफ़ी
न सिर्फ़ उपजता भय, अपितु
मन होता विगलित-करुणामय।
तड़पना मानव का
गली-गली भटकना
मौत के भय से
बेमौत मरना।

उस समय भी महामारी के आगे
सारी उन्नति शून्य, विज्ञान लाचार
खत्म हुए लाखों मनुज
नष्ट लाखों घर-बार।

हम जान नहीं सके
बात किताबों से कब बाहर आई
चीन से शुरू हुई आपदा
क्यों कोरोना बनकर छाई?
बाहर के देशों के हालात
मन को हिलाते
आँसू भरी आँखें, गमज़दा चेहरे
सोते से जगाते।
वह समय,
जिसकी याद से हम थरथराते,
बन गया हमकदम
वसंत के मौसम का
हर रंग गया थम।

केस जो शुरूआती
हमारे देश के,
वे गफ़लत के थे
अनजाने से थे।
खबरें तो तब भी थीं
अपनों की नादानियों की
जो हमें न सिर्फ़ हैरान कर रही थीं
अपितु बार-बार सावधान कर रही थीं।

पढ़े-लिखे लोगों का
अजीब सा आचरण

महामारी का संवाहक
सिद्ध हो रहा था,
उनका महामारी से डरना, बीमारी को छिपाना
अपनी सुरक्षा की खातिर इधर से उधर जाना
संक्रमण फैलाना
भय को बढ़ा रहा था।

कोयल की कूक नहीं, फ़ज़ाओं में
गूंज रहे थे
सैनिटाइज़र-मास्क के स्वर,
दुकानों पर बिक रहा था डर,
वसंत के महीने में
पतझड़ जग गया था,
असमय ही खुशियों पर
ग्रहण लग गया था।
सहमे थे बाज़ार
सहमे-से घर-द्वार
पर...
पर...
महामारी कहाँ रुकनी थी
बढ़ती गई हवाओं के साथ
और लगा लॉकडाउन!
भारत के इतिहास में दर्ज
पहला यादगार लॉकडाउन!

वक्त बदल जाता है
जानते हैं हम
पर कितनी अजीब बात है
मानते नहीं।

एक अजनबी साया
देश पर छाया
एकाएक जो वक्त आया सामने
क्या हमने कभी सोचा था?

कैसी थी शुरूआत
भय से भरी!
एक घोषणा,
और सब कुछ बंद
स्कूल–कॉलेज, हाट–बाज़ार!
कैसा समय था वह
जब सालों बाद एक साथ
रुक गया पूरा देश,
रेल–बस, कल–कारखाने
दफ़्तर–दुकान, मंदिर–बागान
सभी ठहरे थमे से।
और
ठहर गया था हमारा डर
महामारी कैसे मारेगी हमें
हम तो हैं घर के अंदर।

यह भ्रम नहीं था
बचाव था, समझदारी थी
महामारी से लड़ने की
एक तैयारी थी।
बदलने लगे हम
तो बदल गई कुदरत की चाल,
मोती बन गया जमुना का पानी
उजले दिखने लगे ताल।

हवा में साँस लेना सुखद
प्रदूषण की धुंध कहीं नहीं थी
मानो धरा ने भी
खुलकर साँस ली थी।
दिखने लगे न जाने
कैसे-कैसे नज़ारे
सड़कों पर टहले पशु-पक्षी
न जाने कितने सारे।
डोले इतराए से
यह जतलाते हुए -
'धरा सिर्फ़ तुम्हारी नहीं अबोध मनुज
हमारा भी हक है इस पर जीने का।'

सबक मिल रहे थे हमें
हम सावधान हुए
वह शुरूआत थी
अपने कर्मों पर पुनर्विचार की।
पुनर्विचार अपने लिए
अपनों के लिए
धरा के लिए
आकाश के लिए
अंतरिक्ष के लिए
कुल मिलाकर
मानवता के लिए।

इसके पहले कितने ही सम्मेलन हो चुके थे
धरा की सुरक्षा के लिए
पर्यावरण की रक्षा हेतु
पर जो परिणाम दिखा लॉकडाउन में

वह करोड़ों–अरबों के खर्च पर भी
कभी सामने नहीं आया था,
हँस रही थी धरा
आकाश भी मुस्काया था।
अपने करीब दिखने लगे
टिमटिमाते तारे कितने सारे
अलग सा समाँ
अलग से नज़ारे।

किंतु प्रकृति से इतर
कितनी ही खबरें डराने वाली
दुनिया के एक कोने से शुरू मनहूसियत
चारों ओर छाने वाली!
इंसान लड़ना चाह रहा था
पर पड़ रहा था कमजोर
बचाव का तरीका नहीं सामने
नहीं वायरस पर कोई जोर।

रोकने के प्रयासों के बावजूद
कोरोना–संक्रमित बढ़ते जा रहे थे
एक–दूसरे पर शक करते लोग
आपस में कतरा रहे थे।
हवाओं के साथ फैलती रही
कोरोना महामारी
मानवता के ऊपर बढ़ती रही
आपदा भारी।

सावधानी, मास्क, सैनिटाइज़र जैसे उपाय
कुछ नाकाम हुए, कुछ काम आए।
तलाश चल रही थी

नई–नई दवाओं की,
महामारी पर हावी हो
ऐसी दुआओं की।
एकजुट हो लड़ना था हमें
लड़े भी,
कम साधनों से विजय पाएँगे
जिद पर अड़े भी,
कितनों ने भूख से लड़ते
वायरस पर विजय पाई,
कितनों ने भूख–प्यास भूल
परहित लड़ी लड़ाई।

कितनों ने अपने
खज़ानों के मुँह खोले,
कष्ट मिटाने दूसरों का
रात–दिन यहाँ से वहाँ डोले।
पर बढ़ती जा रही आपदा
कैसे रुकती
भस्मासुर के पेट की ज्वाला
त्वरित कैसे बुझती?
बढ़ती गई, बढ़ती गई
कितनी ही दवा की,
गंध तक डराने लगी
मौत घुली हवा की।

लॉकडाउन था
जरूरत समय की,
पुलिस लगी थी बाहर
सड़कों पर मना था जाना।

पर दिक्कत उनके लिए,
जिनके घर
खत्म हो चुका था खाना,
एक पैकेट का इंतज़ार
उन्हें
था करना ही करना।
घने कुहासे सा लगता
यह इंतज़ार
कब छंटेगी धुंध, सूरज निकलेगा
कब आएगी बहार?
सब कुछ अनिश्चित
निश्चित बस महामारी थी,
बार-बार दिख रहा, आपदा यह
मानवता पर भारी थी।

हमारी गली का पहला केस!
कोने वाले घर के दरवाजे खड़ी एंबुलेंस।
'नहीं जाऊँगा। मुझे हुआ क्या है?'
कहकर अड़ते बाबा।
परिजन उनसे पीछा छुड़ाने को आतुर।
उन्हें छूने को तैयार नहीं
मुँह मोड़े खड़े।
वे सभी जाँच में नेगेटिव थे
सिवा बाबा के।

बाबा चले गए
फिर वापस नहीं आए।
एक संदेश आया
कि

उन्हें हॉस्पिटल वालों ने ही
फूँका-जलाया।
परिवार पत्थर, पत्थरदिल परिवार
मानो बाबा से नाता न था।
पर यह तो पहला था,
उसके बाद
संक्रमितों का लगा जैसे ताँता सा था।
कितने अकेले
कितने परिवार के साथ
हॉस्पिटल गए,
कुछ लौटे सुरक्षित
कुछ वापस न आए
फ़ना हो गए।

❑

संवेदना पर वार दर वार

हारा, मैं बेचारा
पछताता
चिताओं के बीच चलता
जलता जा रहा हूँ।
भुलाए भूलती नहीं
अपूरणीय क्षति
आँसुओं के गीत दर गीत
रचता जा रहा हूँ।
कैसा सफ़र है यह
जिसका अंत नहीं देता दिखाई,
आना कहाँ चाहता था यहाँ
बस, बेबसी ले आई।

जलती चिताओं का यह कैसा प्रकाश
जो चुभ रहा आँखों में
दिल में, दिमाग में, आत्मा में,
कैसे शांत होगी आत्मा
जब जल रही है आत्मा ही ?

क्यों हुआ, कैसे हुआ
कितनी ही बातें
कितने ही संवाद
सभी बेमानी।
हर वाद-विवाद
अंततः
लंबी पराजय में बदल रहा,
हावी होती महामारी
मनुज कमजोर पड़ रहा।

विजय की आस लिए
एक लड़ाई महामारी से,
एक अपने-आप से,
लड़ने लगा हर मनुज।
कौन सा समय
साँस लेने लगा हमारे अंदर,
नहीं समझ पा रहे थे
सब कुछ समझकर भी।
चिंता ने पकड़ा हाथ
असुरक्षा हो गई साथ
महामारी ने हमें हमारी
औकात दिखा दी।

डरकर भागने लगे इधर से उधर
नहीं जानते
जाना कहाँ, ठिकाना कहाँ
घरों में भी सुरक्षा अनिश्चित
नहीं था पता
खोना कहाँ, पाना कहाँ।

एक बड़ी संख्या में हमारे मजदूर भाई
मजबूरन
अपने घरों की ओर चल दिए
महामारी का डर था कारण
या भूखों मरने से बचना चाहते थे
जो हो, वे अपने घर
पहुँचना चाहते थे।
जेब में पैसा नहीं
न ही कोई साधन
बस घर पहुँचने की इच्छा
कर रही संचालन।

वायरस का प्रकोप जारी था
सामाजिक अव्यवस्था भी,
घाल-मेल बन गई दुनिया
बचने का कोई रास्ता नहीं!
कहीं मजदूर पैदल दौड़ रहा था
कहीं भूख से जान गंवा रहा था,
कहीं साइकिल का सहारा लेता
कहीं ठेला दौड़ा रहा था।
घर पहुँचने के लिए
कहीं माँगता उधार,
कहीं ट्रकों के फेर में
अपने पैसे लुटा रहा था।

दुर्घटनाओं पर दुर्घटनाएँ घट रही थीं
कितने तो घर पहुँचने से पहले ही
जान गंवा बैठे
पहुँचना चाहते थे अपने गाँव

मौत खींच ले गई!
अंकित हो रही थीं
इस समय जो तस्वीरें ज़ेहन में,
जानते थे हम स्थायी रहेंगी,
जिएँगे जब तक हम,
हमारे ज़ेहन में जिएँगी।

एक ओर अखबारों की खबरें
डरा रही थीं
दूसरी ओर इंसानी ताकत का
जलवा दिखा रही थीं।
कहीं माँ को गोद ले पैदल चलता बेटा
तो कहीं पिता को साइकिल पर बैठा गाँव पहुँचाती बेटी
कहीं सड़क पर बच्चे को जन्म देती मजबूर-मजदूर माँ,
तो कहीं बच्चों की खातिर अपनी मेहनत की कमाई
ट्रक के किराए के तौर पर खर्च करता पिता।
पूरब से पश्चिम, उत्तर दक्षिण भागता इंसान
पता नहीं क्या चाह रहा था,
जो भी हो
वायरस की वजह से
मजदूर वर्ग की ताकत का
एक नया दृश्य सामने आ रहा था।
मदद कर रहे थे समर्थ लोग
पर उनकी भी थी सीमा,
लॉकडाउन का समय और
देश रुका-थमा।

पर कभी रुका है समय-चक्र, जो रुकता?
आगे बढ़ता चला गया

मजदूरों का काफ़िला,
बनता चला गया
घटनाओं का सिलसिला।
और घर के अंदर बेचैनी से
हाथ मलती शाश्वती तुम,
बार-बार याद करतीं उनको
जिनको थोड़ा भी जानती थीं,
क्योंकि सभी को तो तुम
अपना मानती थीं,
'प्रेस वाले काका कहाँ होंगे
कहाँ होगी मटके बेचने वाली माई?
रामू रिक्शेवाला कहाँ
कहाँ फूल बेचने वाली ताई?'

पंक्चर जोड़ने वाले हरीश,
रद्दी वाले मोहन और
नारियल विक्रेता की चिंता
तुम्हें खाए जा रही थी।
उनकी समस्याओं को सोच
तुम अकुला रही थीं,
जरा भी चैन नहीं तुम्हें
अनवरत बड़बड़ा रही थीं,
'कहाँ आसरा मिला होगा उन्हें
या वे भटक रहे होंगे सड़कों पर?'
बढ़ती जाती तुम्हारी चिंता अविराम
दिन-रात, सुबह-शाम
रह रहीं अपने घर
पर कितनी बेआराम।

'वे सभी प्रवासी मजदूर हैं
या खानाबदोश घराने के,
रुके हैं कहीं रैन बसेरे में
या लौट गए अपने गाँव!'
मैं भला तुम्हें क्या बताता
जब जानता ही न था।
एक ग्लानि मन के अंदर
कि सालोंसाल जिसके साथ हूँ,
अपने उस समाज को
पहचानता नहीं!
समाज की चिंता से व्याकुल तुम
मुझे भी पिघला रही थीं,
मैं जो न सोच पाता
मेरे सामने ला रही थीं।

हमारे घर आमने सामने थे,
लॉकडाउन के बावजूद
मानो हम साथ थे।
मैं देख रहा था तुम्हें बदलते हुए।
शाश्वती, हमारा बचपन का साथ
अत: इतना मुझे था ज्ञात
तुम्हारी सोच
किसी बड़े संकल्प की
द्योतक होती है,
जमाने को बदलने की
उसमें ताकत होती है।
डरने लगा था मैं तुमसे।

हाथ थम जाता तुम्हारा

रोटी बनाते–बनाते,
सोच में पड़ जातीं
खाना खाते–खाते।
जब रुकी सी, परेशान नज़र आने लगतीं
मैं समझ जाता
ज़ेहन में तुम्हारे
उन बच्चों का चेहरा घूम रहा है,
कभी चौराहों पर जिनको देखा था मँडराते,
दो–दो पैसों के लिए हाथ फैलाते,
कभी दूसरों का दिया सामान बेचते,
कभी दूसरों के इशारों पर रिरिआते।
कभी गाड़ियों के पीछे भागते
चंद पैसों के लिए या
बिस्किट के एक पैकेट के लिए
गाड़ियों के साफ शीशों पर मैला कपड़ा फिराते।

उन बच्चों को याद कर
तुम भूखी रहने लगीं,
जिन बातों से होता था दर्द
बार–बार वही कहने लगीं,
'कहाँ होंगे वे बच्चे
क्या मुझे उनकी तलाश में जाना चाहिए?
आज तक उनके लिए न सोचा
क्या इसके लिए शरमाना चाहिए?
अफ़सोस, गलती हमारी
हमने उन्हें पहले ही
एक आधार क्यों न दिया,
सुरक्षित साफ–सुथरा
संसार क्यों न दिया?

उन्हें बताते उनकी कीमत
देते एक ठिकाना,
मान देते उन्हें, परवाह करते
आसान बनाते उनका जीना।
गलत किया जो उन्हें
अपने से अलग माना,
इस गलती का खामियाज़ा
कैसे है भरना,
विश्व, तुम ही बताओ
मुझे अब क्या है करना!'

बार-बार एक ही बात को सुनना
मुझे डराने लगा
एक अदेखा सा भय
मेरे सामने आने लगा।
तुम कुछ अलग हो औरों से
इतना तो शुरू से जानता था,
पर इतनी अलग हो
ऐसा कब मानता था?
तुम्हारी बातों का उत्तर
मेरे पास कहाँ था,
छोटी नहीं थी वे बातें
उनमें समाया पूरा जहाँ था।
'विश्व,
महामारियाँ आँखें खोल देती हैं
पर तब तक देर हो जाती है,
अपने जुदा हो जाते हैं
शक की बेल लहराती है।
शक!

संदेह!
अविश्वास!
यही तो लक्ष्य है वायरस का
हमें इससे बचना है,
यह संसार हमारा अपना है
इसे सँजोए रखना है!'

'विश्व,
क्यों न हम ऐसी दुनिया बनाएँ
जिसमें गम न हों, न ही गुनाह।
हो सिर्फ़ प्यार,
एक-दूसरे के प्रति विश्वास, ईमानदारी, सेवा।
दूसरे के अहित का विचार
मन में आने न पाए,
कोरोना जैसी महामारी
जन्म लेने से पहले ही खत्म हो जाए,
काश! एक दिन दुनिया
इतनी खूबसूरत रंगत पाए!'
मेरा हाथ पकड़ तुम सपना देखने लगीं।

'बस-बस, ऐसी दुनिया
सपनों में बनाई जाती है,
यथार्थ में दुनिया
कुछ अलग ही रंग दिखाती है।'
मैंने तुम्हें टोका।
डराने लगा था मुझे
तुम्हारे सपनों का विस्तार,
'विस्तार उतना चाहिए
जितनी चादर हो'

सुन चुका था, न जाने कितनी बार।

महामारी बढ़ रही थी
बढ़ रही तुम्हारी बेचैनी भी,
उस बेचैनी ने मुझे भी बेचैन कर दिया।
सीमा में बँधी तुम निस्सीम का सोचतीं,
तुम्हारी यह फ़ितरत मुझे पल-पल कोंचती,
बचने का कोई उपाय न था।
तुम्हें खुश देखना चाहता था शाश्वती,
द्वन्द्व मेरे अंदर चलने लगा,
'क्या मैं कभी इस दुनिया को
सही अर्थों में सुंदर बना पाऊँगा
क्या अपने विवाह के बाद
तुम्हें सुरक्षित संसार दिखा पाऊँगा?
आज डर रहा हूँ तुम्हारी बातों से
कतरा रहा हूँ,
क्या कभी तुम्हें
संसार के थपेड़ों से बचा पाऊँगा?'
मन में मेरे तर्क-विर्तक, सोच-विचार
चौबीसों घंटे लगातार।
पर रास्ता कहाँ था, कैसे पाता उनसे पार?

❑

क्या हम हँसे भी थे कभी

आज इस चिंतन की बेला में
पूछता हूँ स्वयं से
कि
क्या कभी हम खुलकर हँसे थे!
कोरोना ने हँसी पर
न सिर्फ़ पहरे बैठाए
बल्कि चप्पा-चप्पा
चस्पाँ किए दर्द के साये।

महामारी गई नहीं थी,
पर कोशिशें जारी थीं,
जाते समय को पकड़ने की।
एक ओर जद्दोजहद रोटी की,
दूसरी ओर बढ़ती अनगिन
जानी-अनजानी समस्याएँ।
अनलॉक हो गया
और महामारी का सिलसिला चलता रहा,
इंसान आदी हो गया इन वाकयों का।

रोजी-रोटी की खातिर उसे
घर से निकलना पड़ा।
खुले बाज़ार, फैला सन्नाटा
कोरोना मंदी का दौर ले आया,
आमदनी में गिरावट जारी
चहुँदिश पसरी-सी महामारी।

वायरस की वजह से
दिलों में आई दूरी दिखने लगी,
हर बार का वाकया
दर्द का सबब बना,
मेरी गली बदलती जा रही थी।
इंसान इंसान से बच रहा था
और मैं भटक रहा था,
पुरातन प्रेमी हूँ मैं
बदलाव मुझे अखर रहा था।

फैली बाँहें, भीगी आँखें
सामने निस्पंद शरीर परिजन का,
सड़कों पर जगह-जगह दिखती शवयात्राएँ,
श्मशानों में जगह की कमी,
और बेचैन व्याकुल परिवार।
आखिरी विदाई की बेला मृतक को
छू भी नहीं सकते थे।
छूने की बात दूर,
संक्रमण का डर इतना कि
अपने में ही थरथराते रहे,
परिजन की ओर
देखने से भी कँपकँपाते रहे।

सम्मानपूर्वक अंतिम संस्कार
बस कहने की बात रह गया,
भय इतना बढ़ा कि
शोक और भय के रेलम-पेल में
इंसान करणीय और अकरणीय का अंतर
भी भूल गया।
कितने ही अपनों को छोड़कर भागे,
रिश्तों को तोड़ा डर के आगे।

कहीं घर वालों ने मृत देह को
पहचानने से इंकार किया,
कहीं अंतिम संस्कार न कर पाने पर
अपनी मजबूरियों का
सिलसिला गिना दिया।
वायरस के डर से
किसी बेटे ने डंडे से ठेल
पिता की निस्पंद देह को
गढ़े में गिराया,
कोई बेटा पिता की निस्पंद देह
दूसरों के भरोसे छोड़ आया।
कहीं श्मशानकर्मियों ने दाह-संस्कार से मना किया,
कहीं शव को पेट्रोल डाल जलाया।
पति जान ले रहा पत्नी की
क्योंकि पत्नी संक्रमित है,
पत्नी फाँसी लगा रही
ताकि पति के अत्याचार से बच सके।

दुनिया बदल जाएगी कब सोचा था हमने
और हम बदलेंगे

क्या दुनिया ऐसा सोच सकती थी?
पर बदल गए थे सभी।
पहले कौन बदला
प्रश्न बेमानी
क्योंकि एक-दूसरे के पूरक व्यक्ति और समाज
और उनके बीच अनजानी-सी दूरी।
पहचानी राहों पर चलना आसान
अनजान राहें मुश्किल,
संसार से पलायन आसान
संघर्ष करना कठिन।

तदपि
अपने-पराये के भेद से विरत
स्वास्थ्यकर्मी
जी-जान से संघर्षरत।
लक्ष्य था सिर्फ़
दूसरों को बचाना, वायरस को हराना।
एक ऐसा भी वर्ग था समाज का
जो वायरस से लड़ता जान दे रहा था,
अपनों की रक्षा की खातिर
अपने प्राण दे रहा था।
बहन को बचाते हुए संक्रमित होता भाई,
पिता के रक्षा के लिए बेटी सामने आई,
पत्नी ने गहने बेच पति को बचाना चाहा,
बीमार सास को गोद ले, बहू कई मील पैदल चली।

विविध रंग समाज के
कोरोना लेकर लाया,
दिखने लगा चेहरा सभी का

आवरण इसने हटाया।
लॉकडाउन भर
हम बचकर रहे, छिपकर रहे,
अनलॉक हुआ सब कुछ
तो भी असावधानी का प्रश्न न था,
ज़िंदगी जीनी थी हमें
स्वयं को सहेजना था।

किंतु धीरे-धीरे इंसान थकने लगा
सावधानियों से।
संक्रमण से बचने के प्रयास
उसे बंधन नज़र आने लगे।
संसार में पहले जैसा
कुछ भी न हुआ,
तदपि लोग पहले की तरह
इधर-उधर आने-जाने लगे।

लोग घरों से बाहर निकले,
संक्रमण की लहर का
उतार भी नज़र आया।
दीपमलिका का त्योहार,
नए साल का उत्सव,
नए रास्ते, नए संदेश लाया।
वायरस के खिलाफ़ बहुत बड़ी उपलब्धि
'वैक्सीन का ईज़ाद होना।'
उन पलों में लगने लगा,
'हम जीत रहे हैं
वैक्सीनेशन शुरू हो चुका है और
हम 'हर्ड इम्यूनिटी' की ओर जा रहे हैं।'

'हर्ड इम्यूनिटी'
जितने ज्यादा संक्रमित वायरस के
उतना खतरा कम।
एंटीबॉडीज़ का बनना
यानी वायरस के फैलाव का रुकना,
अर्थात् कष्ट को इस हद तक झेलना कि
दर्द महसूस होना बंद हो जाए।

टीकाकरण जारी था,
महंगाई, बेरोजगारी, बदहाली रोकने के प्रयास भी।
किंतु
महामारी का असर समाज पर दिख रहा था,
अर्थव्यवस्था और शिक्षा को लाइन पर लाना
सागर को पहाड़ चढ़ाने जैसा था।
हमने हिम्मत नहीं हारी,
जूझते रहे लगातार
भले साथ चल रही महामारी।

किसी का सुखी होना, संतुष्ट होना
दूसरे की आँखों में चुभता है, दिखने लगा।
हम आत्मनिर्भर बने
अपना टीका खुद बनाने लगे।
यह भी खला दूसरे देशों को
उन्होंने कच्चे माल की आपूर्ति पर
रोक लगा दी।
महामारी में खुदगर्ज़ी का उदाहरण बने कुछ देश
उन्होंने अपने देश में वैक्सीन का अंबार लगाया,
उन हालातों में, जब विश्व के कुछ देश
टीकाकरण को तरस रहे थे।

दोतरफ़ा बातें, दोतरफ़ा नतीजे।
'एक ओर बातें ऊँची-ऊँची,
दूसरी ओर जमाखोरी वैक्सीन की'
महामारी ने यह सूरत-ए-हाल किया दुनिया का।

विदेश को कहें क्या
अपने देश का
कैसा हो गया इंसान!
न अपनी चिंता, न अपनों की फ़िक्र
जगह-जगह भीड़ का जुड़ना।
एक ओर कोरोना प्रोटोकॉल की उड़ती रही धज्जियाँ
दूसरी ओर समय आगे बढ़ता रहा।

और म्यूटेट होना इस वायरस की फ़ितरत
उसे तो रंग दिखाना ही था,
पल-पल बढ़ती मानव की गफ़लत का
कोई तो नतीजा आना ही था।
वायरस को किसी पर
न तरस खाना था, न खाया।
किंतु वह परिणाम इतना भयंकर होगा
कौन सोच सकता था?
एक बार फिर
बाढ़ की तरह बढ़ने लगी महामारी
जगह-जगह बीमार, बेशुमार दिखने लगे,
'कोरोना की दूसरी लहर है भारत में'
यह अखबार वाले लिखने लगे।

❑

हम ज़िंदगी से क्या चाहते हैं

क्या चाहते हैं हम ज़िंदगी से
जीना या जीतना?
जीता तो मौत को जाता है
ज़िंदगी को तो जीना ही काफ़ी है।
ज़िंदादिली से भरे लमहे,
पल-पल जीवन से मुलाकात,
याद आती नहीं कभी मौत की बात
यही तो नियामत है ज़िंदगी की।
और बदल जाती है सोच
जब मौत सामने खड़ी नज़र आती है,
दुनिया की सबसे खूबसूरत शय ज़िंदगी
भय से रूबरू कराती है।

पेंडुलम बन गई ज़िंदगी,
इधर से उधर झूलती।
रोजगार बंद
फिर वही समस्या सामने,
'गाँव जाकर क्या खाएँ

और शहर में रुकें तो क्या पाएँ?'
एक बार फिर किंकर्तव्यविमूढ़ मजदूर
घरों को लौट चले।
सपने खाक थे कमाने के
महामारी का डर साथ,
यही खैर कि इस बार परिवारजनों ने
नहीं की बेगानों-सी बात।
थोड़े दिन क्वारंटीन
फिर अपनों में मिल जाने की आज़ादी थी,
सकुशल लौट आए, यही क्या कम
महामारी को धता बता दी थी।
पर गाँवों में पहुँचेगा संक्रमण
कौन जानता था,
कोरोना की दूसरी लहर ने गाँवों में भी
अपना जाल फैला दिया।

कोरोना केस की बढ़त
मात्र अखबारों की बात नहीं रही।
एकाएक
एंबुलेंस के सायरन
आम-सी आवाज़ बने।
एक के बाद एक शहरों में
लगने लगा लॉकडाउन।
पर लॉकडाउन कैसा?
चीखती-तड़पती आवाज़ें दहलाने लगीं।
घरों में संक्रमित।
सड़कों पर भी बीमार।
मरीज साँसों को तरसते,
परिजनों की मदद की गुहार।

घर, सड़क, अस्पताल, बाज़ार
सभी दिखते आहत–लाचार।

जीवन जुगाड़ बन जाएगा, किसने सोचा था?
स्थिति यहाँ तक पहुँच गई कि
उद्योगों की ऑक्सीजन भी
मरीजों के लिए इस्तेमाल होने लगी।
पर फिर भी
ऑक्सीजन की कमी से
या वायरस के क्रूर घात से
न जाने कितनी मौतें सामने आईं।
दवा–दारू, इलाज जारी
पर महामारी बनी विकराल
एक के बाद एक थमती साँसें
भय से भरता रहा माहौल।

यह कैसा काल आया,
कैसी चली वायरस ने चाल?
बिलखते परिजन, तड़पती मानवता
घरों में इंसान असुरक्षित,
सड़कों, अस्पतालों में भी,
साँस लेना मुहाल, सबका हाल बदहाल।
संक्रमितों से लेकर मृतकों की संख्या के
रिकॉर्ड बनने लगे।
यह कैसा नसीब, जो हमें
रसातल में ले जा रहा?
तरक्की के आँकड़ों को छोड़ो
मृतकों के रिकॉर्ड बना रहा।

एक बार फिर

घर के अंदर हम
टीवी, अखबारों से खबर पाते
अपनी लाचारी पर पछताते।
ऐसा भी वक्त देगा दिखाई
दुश्मनी दिखाएगा भाई से भाई,
न सोचा कभी, वैसा हो गया,
वायरस बना कारण,
रिश्ते पीछे छूटे,
पैसा सिरमौर हो गया।

रोके से न रुके ऐसा
संक्रमण दिखने लगा,
'दूसरी लहर ज्यादा मारक है'
बच्चा-बच्चा कहने लगा।
लॉकडाउन का अर्थ रहा नहीं
सड़कों पर आवाजाही थी,
एंबुलेंस की आवाज़ें, सबसे ऊपर
भय की परछाहीं थीं।
मुनादी थी मुनासिब भी
'न निकलो सड़क पर, वायरस का साम्राज्य है
मानवता बचाने का
सावधानी ही एकमात्र उपाय है।'

पर वायरस का फैलाव
घर में रहने कहाँ दे रहा था?
घुटन इतनी कि
इंसान जीते-जी मर रहा था।
तेज बुखार से तड़पना,
साँसों का रुकना-अटकना!

लोग भागने लगे इधर से उधर
पर हाय! सभी लाचार निरुपाय।
बीमार ज्यादा, तीमारदार कम,
अस्पतालों में जगह नहीं
यह भी एक बड़ा गम।

एक गाँव से दूसरे गाँव,
एक शहर से दूसरे शहर,
एक अस्पताल से दूसरे अस्पताल,
चक्कर लगाते, दौड़ते-भागते,
वायरस के संग मुकाबला करते,
लोग थक भी रहे थे, हार भी रहे थे और
अपनी विजय भी दर्ज कर रहे थे।
बुरा था उनका मुकद्दर, जो जा रहे थे
बचने वाले अपनी खैर मना रहे थे।

कितने ही साँसों को तरसे
निकले आधी रात को घर से,
कितने ही तड़पे, एक अदद मदद को
देख जिन्हें, धरा-आकाश के भी नैना बरसे।
हा! दैव! धिक् समस्त उपलब्धियाँ!
मनुज अपनी ही जमीं पर
असहाय से तड़पते हुए प्रस्थान कर गए,
रहना था जिन्हें एक साथ
वे एक साथ प्रयाण कर गए।
जाते-जाते एक सवाल
आने वाली नस्ल के नाम कर गए,
महामारी क्यों आती है,
किसकी गलती है यह

जो दूसरों के सिर थोपी जाती है!

यों प्रयास कर रहा हर कोई
दूसरों की मदद करने का।
कहीं कोरोना फंड की शुरूआत,
कहीं पूरे गाँव-कस्बे का सैनिटाइज़ेशन।
एक बदला समाज –
सकारात्मक सोच और महामारी पर
मनुष्य की जीत का उदाहरण!
शाश्वत विजय जैसा कुछ नहीं होता
हाँ, जंग जारी रहे तो दिखता है कि हम ज़िंदा हैं।
कितने बच्चों ने छोटे-छोटे काम शुरू किए
परिवार को आर्थिक मदद देने के लिए।
आत्मनिर्भरता की ओर उनका एक कदम
देश को कितना बड़ा आधार दिलाएगा,
ऐसे ही छोटी-छोटी बूँदों से
जीत का घट भर जाएगा।

मंदिर, मस्जिद, गुरुद्वारा
सभी अस्पताल में बदलने लगे,
ताकि जगह मिले मरीजों को,
ऑक्सीजन वाले बेड मिलें।
यों मृत्यु पर बस किसका
बिगड़ते रहे केस,
जाती रही जानें,
होती रहीं आँखें नम,
यह जीत थी कोरोनावायरस की,
पर हारे नहीं थे हम।
चले गए जो वे अमर हुए

जो बचे, वे संघर्षरत–संकल्परत –
'वायरस को हराने की युक्ति जारी रहेगी,
हम लड़ते रहेंगे, जब तक महामारी रहेगी।'

चिकित्सकगण स्तब्ध!
इस लहर ने उन्हें झकझोर दिया।
कितने चिकित्सक बलि चढ़ गए,
वायरस से लड़ते–लड़ते ज़िंदगी की जंग हार गए।
कितने ही चिकित्सकों के मुँह से निकला,
'थक चुके हैं हम.....
खाना भी नहीं खाया जाता
और मरीज बढ़ते जाते हैं।
अस्पतालों के अंदर–बाहर
सड़क पर भी फैले मरीज।
थक चुके हैं हम.....
दिन भर जगते, इलाज करते
इलाज करते ही बीतती रात।
एक ओर ज़ेहन में मरीजों की पुकार,
दूसरी ओर सोने नहीं देती अंतरात्मा।
... थक चुके हैं हम।'

'सवाल हम सभी का,
क्या यही लहर आखिरी है
या अभी और आनी बाकी हैं?'
सवाल पूछते स्वास्थ्यकर्मी यंत्रवत
यंत्र ही बन गए।
'कहाँ है हद इस रौरव की'
कर्मरत वे सोचते हुए।
किंतु

बार-बार उनका त्याग रंग लाता रहा
और मनुष्य को
महामारी के अतिरेक से बचाता रहा।

दिख रहा था
दूसरों के त्याग का अर्थ, मनुष्य समझने को तैयार नहीं।
लोग बार-बार असावधानी बरतते, संक्रमण फैलाते
और एक नाशुक्र समाज
हमारे सामने आता।
समस्या दूर करना चाहते स्वास्थ्यकर्मी जिसकी,
वही मनुज, स्वास्थ्यकर्मियों की समस्याएँ बढ़ाता।
और समाज को भी क्या कहें, जबकि जानते हैं हम सभी
यह तो वायरस की घात है।

हँसी किसे कहते हैं अब तो याद नहीं
याद आते बस वाकये ही वाकये।
पहले बुजुर्ग-लाचार शिकार,
फिर उम्रदराज़ों पर वार,
बच्चों तक को न छोड़ा इस वायरस ने।
पिछले लॉकडाउन जिसकी हुई शादी,
आज वह रो रही सूनी ज़िंदगी लिए।
पिछली लहर जिसने महामारी को धता बता दी,
इस बार वह ऑक्सीजन बिन तड़पता रहा।
एक साल में हम कहाँ से कहाँ आ गए,
और कहाँ से कहाँ पहुँच गया वायरस
इस एक साल में!

❑

यह कौन-सी कौम है इंसान की

किसी भी गुमान में
लोगों ने जो रिश्ते किए तार-तार,
आज उनके लिए
रो रहे हैं ज़ार-ज़ार।
पर अब कोई साथ देने को नहीं,
अकेले रोते हैं, कोई साथ रोने को नहीं।
पहले ही कम न थी
अब और ज्यादा आ गई रिश्तों में दूरी,
आँसुओं का कोई हिसाब नहीं
बस शोकगीत बनता चला जा रहा है।

दहलता है कलेजा धरा का
आकाश भी आँसू बहाता है,
जब देखता है किसी को रोता
नभ को भी रोना आता है।
कितने अपनों से बिछड़े
इसकी गणना नामुमकिन!
न जाने कितने शोकगीत फ़िज़ाओं में

भटकते रहते हैं रात–दिन।

समय साक्षी सभी गीतों का।
समय, जो कभी साथ था
समय, जो अभी साथ है
समय, जो रहेगा साथ सदा।
मूकदर्शक समय,
समदर्शी समय!
समय की गति सभी जानते हैं,
जी रहे हैं समय में
समय को पहचानते हैं।
समय कुछ कहता नहीं
कर दिखाता है,
साथ चलता है हमेशा
अचानक दबे पाँव साथ छोड़ जाता है।

साथ चलते हुए साथ न देना
क्या समय प्रवंचक है,
या हम स्वयं समय को
प्रवंचक बनाते हैं?
बिगड़ जाए बात, समय को दोष दे
बार–बार पछताते हैं।
पर साँप निकलने के बाद
लकीर पीटकर क्या पाते हैं?
हाथ रहते समय की
कीमत जाननी चाहिए,
जो है अपने हाथ में
ताकत पहचाननी चाहिए।
हो कितना ही बलवान
हम समय बदल सकते हैं,

कम से कम उसे बदलने का
प्रयास तो कर ही सकते हैं।

समय के बिंदु पर खड़ा मैं
समय विचार रहा हूँ।
जो हुआ, वह क्यों हुआ,
जो न हुआ तो क्यों न हुआ!
विचार!
समय!
हाँ अब यही तो मेरे हाथ बचा है
बाकी सब कुछ सिफ़र!
समय के साथ बंधा
मैं खुद सिफ़र हो रहा हूँ।

नहीं दिखती
जीने की राह,
आज इस नदी के किनारे
रात के गहराते साये,
एकाकीपन और
मेरी आत्मा में दाह।

कैसी यह जलन,
जो जंगल की आग-सी फैलती जा रही है,
यह कौन-सी शय है जो
इंसान के मरते ज़मीर की वजह से
सामने आ रही है?
मैं जानता था ...
न, मैं डरता था कि कहीं ऐसा न हो जाए!
.....
लो हो गया न!

इंसान इंसान नहीं रहा
शैतान बन गया न!

कितना कुछ दिखाया इसने
कितना कुछ सिखा दिया,
यों वायरस आया ज़िंदगी में
मौत को भी हिला दिया।
मौत किसकी?
इंसान की, इंसानियत की।
स्वार्थपरता सिर उठा रही है,
लोग इंसानी स्तर से नीचे जा रहे हैं,
नहीं जान पा रहे
ज़मीर खत्म हो रहा है या वे स्वयं,
वे तो बस रोकड़ों का
बहीखाता बना रहे हैं।

नहीं देख पा रहे क्या
प्राणवायु के बिना सड़क पर
मरते-तड़पते लोगों को,
क्या सिर्फ़ वायरस है दोषी
इन असंख्य मौतों का?
न, और ही हैं शातिर जो
जीते को तड़पा रहे हैं,
मरते को मारते जा रहे हैं।
एक ओर तड़पते मरीज
और घटती कीमत ज़िंदगी की,
दूसरी ओर शातिर खिलखिला रहे हैं।
वे कीमत लगा रहे हैं ज़िंदगी की,
या ऑक्सीजन-सिलेंडर की कीमत बढ़ा रहे हैं?

यह कौन–सी कौम है इंसान की,
जो महामारी में खुलकर सामने आई,
भाई कर रहा भाई के प्राणों का सौदा
और भाई ने ही भाई के प्राणों की बोली लगाई।
ऑक्सीजन की कालाबाज़ारी ने
इंसान की जात बदल दी,
जहाँ जरूरत नहीं, वहाँ ऑक्सीजन छिपाई
और जहाँ जरूरत थी, वहाँ कमी फैलाई,
नतीजा,
अखबारों की खबर बने आँकड़े,
यानी मनुष्यता की हार का इश्तेहार!

हो रहा अध:पतन
या
बदलते युग की शुरूआत है,
महामारी का समय है और
वायरस की घात है।
बदला हुआ युग
क्या पाप का शासन लाएगा,
निर्दोष मरेंगे तड़प–तड़प
पापी हँसेगा–खिलखिलाएगा?
हम संक्रमण बढ़ा रहे या
फणीश को दूध पिला रहे हैं
नष्ट हो रही मानवता और
हम हाथ मलते जा रहे हैं!

वक्त चल रहा साथ में
और साथ ही चल रहे हम।
देख रहे इंसान का नीचे गिरना

लाचार से सोचते हुए,
'कौन-सी भाँग यह
जो कुएँ में पड़ गई?'
शुरू हुई शातिर शैतानी
दुनिया के एक कोने से,
और हमारे घरों के अंदर
आकर पसर गई।

कुछ पल सुकून से जीने को
तरसते श्मशान के कर्मचारी,
दिन-रात दाह-कर्म जारी
कहाँ से आईं मृत देह इतनी सारी!
श्मशान में मिल रहे टोकन,
हवा में मनों का भार,
आँसू बहाती फ़ज़ाएँ,
शृंखलाबद्ध चिताएँ।
क्या इसी दुनिया का
स्वप्न देखते थे हम,
या स्वप्न कोई बुरा यह,
टूटेगा तो जागेंगे हम!

कितने ऐसे गए
जिनके जाने का कोई कारण न था,
अस्पताल से घर लौटने वाले थे
पर श्मशान जाना पड़ा।
वायरस से जीत भी जाते
पर अपने ही दुश्मन हो गए,
ऑक्सीजन की सप्लाई रोक दी
हॉस्पिटल वालों ने यह कहकर,

'यह अभ्यास है
इंसान के ऑक्सीजन बिन जीने का।'
यानी मॉक ड्रिल!
यानी यह पता लगाने की कोशिश
कितने मरीज ऑक्सीजन के बिना भी
ज़िंदा रह सकते हैं,
और कितने ऑक्सीजन बिना मर सकते हैं!
मृत्यु भी एक प्रयोग होती है,
ओह, पता चला महामारी में!

और कितनी ही जगह
इस तरह की कोई बात न थी,
लेकिन ऑक्सीजन की कमी बरकरार
वहाँ भी सामूहिक मृत्यु हुईं मिनटों के अंतराल से।
तड़प रहे थे मरीज हॉस्पिटल के अंदर,
नीले पड़ते शरीर,
परिजनों का अंदर जाना मना था,
बाहर से सुन सकते थे चीखती आवाज़ें
पर अपनों को बचाना मना था।
कारण वही –
ऑक्सीजन की कमी!

किंतु यह कमी किसने बनाई?
मरीजों की ऑक्सीजन गोदामों में किसने छिपाई?
ऑक्सीजन की सप्लाई रोकना
किसका हक था?
जो खत्म हुए, उन्हें भी जीना, हंसना–चहकना था।
बच जाते वे भी
लंबी ज़िंदगी पाते,

'वायरस से जीतकर आए हम'
कहानी वर्षों सुनाते।

कहानियाँ बनने से रह गईं,
वंचित हो गए हम उन कहानियों से।
सामने रही बात इतनी कि ऑक्सीजन की कमी थी,
जिसके बिना उन मरीज़ों की जान नहीं बचनी थी।
पर सच यही है कि
लोगों ने ऑक्सीजन तो बखूबी बचाई,
भविष्य में उन्हें पड़ सकती है जरूरत
यह सोच गोदामों में छिपाई,
बस नहीं बचा सके अपने
जाते हुए संगी साथी, बंधु-भाई।

अनपहचाना हो गया समाज
मुखौटे ही मुखौटे,
सड़क पर कितने हुए खत्म
घर भी न लौटे।
आज ऑक्सीजन है दुनिया में
जमाकर्ता जी रहे हैं खुशी से,
गोया ऑक्सीजन ज्यादा कीमती है
इंसानी ज़िंदगी से!

प्रश्न वहीं का वहीं
यह कौन-सी कौम है इंसान की!

❑

उफ़ दुनिया पल में बदल गई

एक आवाज़ गूंजती बाहर,
एक मेरे अंदर उठती।
कैसी आवाज़ें हैं ये जो
कभी डरातीं हैं, कभी जगातीं हैं।
सोचना चाहता नहीं
सोचने को उकसाती हैं।
आवाज़ों की शह पर,
लहरों की लय पर,
नदी की धारा संग
आगे बढ़ता जा रहा हूँ,
कुछ चल रहा हूँ सोचता सा
कुछ सोच को चला रहा हूँ।

शोकगीत की शुरूआत
उस दर्द से
जो पहली बार उगा आँखों में
तो पोंछने वाले हाथ न थे।

या हाथ तो थे कई
पर सभी दूर-दूर, साथ न थे।
एकाकीपन से रोना आया,
और जितना रोए,
एकाकी होने का अहसास
उतना ही बढ़ता चला गया।
शक भरी निगाहें चारों ओर
अजनबी हुए सभी,
मन से मन की दूरी बढ़ी
इंसान से इंसान की दूरी भी।

एक अनजानी दुनिया में पहुँच गए हम
परिचित चेहरे नहीं देते दिखाई।
क्या मास्क है इसका कारण
या महामारी यह परिवर्तन लाई?
पहली लहर में जो चेहरे करुणा से भरे थे
आज वे भी बदले नज़र आने लगे,
पहले खिलाते थे भूखों को मनुहार से रोटी
अब भूखों से नज़रें चुराने लगे।
अपना खजाना भरने की चिंता में रत
और खजाना कभी भरता नहीं,
अपना राशन बचाने की जुगत
और राशन कभी बचता नहीं।

ऐसे विषम समय में हम
सन्न थे, सावधान भी।
बचकर रह रहे थे हम,
बच-बचकर रह रहे थे,

जब तक.....
जब तक कोरोना ने
तुम्हारी माँ पर किया नहीं था वार।
एक वार उन पर
और थरथरा उठा परिवार।
शाश्वती, चैन खत्म हो गया बचा-खुचा।
अस्पतालों के, दवा की दुकानों के चक्कर
थोड़े-बहुत लगा ही पाए थे कि
तीन दिन के इलाज के बाद
माँ जी संसार से चली गईं।
जाते-जाते तुम्हारा हाथ
मेरे हाथ में थमा गईं।
पाणिग्रहण हो गया हमारा मानो।

तुम सकते में थीं,
चुप रहीं उनके अंतिम संस्कार तक
एकदम चुप,
मानो कुछ गुन रही हो मन ही मन
पत्थर बनी सी।
उस दिन पहली बार मैंने
और तुमने भी,
महामारी में, श्मशान में
चिताओं की पंक्तियाँ देखीं।

घर आकर बोलीं तुम,
'मैं लड़ूँगी।
हार नहीं मानूँगी इस वायरस से
जानती हूँ मौत चुन रही हूँ,

पर मैं लड़ूँगी।
विश्व, मैंने अस्पताल देख लिया
इन तीन दिनों में, श्मशान भी,
हर जगह मानव की जीवनी-शक्ति का उद्घोष।
क्या लगता है तुम्हें
जो चले गए, वे सच में चले गए?
नहीं, वे हमारे साथ हैं सदा के लिए,
सदा के लिए हमारे साथ।'
जब कह रही थीं यह सब तुम
उस समय भी
मेरे हाथ में था तुम्हारा हाथ।

'हमें लड़ना है उनके लिए
जो सुरक्षित हैं, असुरक्षित भी
देख रहे हैं हमारी ओर
मदद की लालसा से।'
अचानक कहा तुमने,
'वायरस से जीतना है
तो इंसानियत को जगाना होगा
जो हैं लाचार उनके हित
समर्थों को आगे आना होगा!'

निर्णय तुम्हारा
सुनने में बहुत अच्छा
आदर्शवादी समाज की संरचना करता हुआ,
पर अमल करना मुश्किल,
कैसे समझाता तुम्हें?
जिद चढ़ रही थी तुम्हें

दूसरों की सेवा की,
समझाने से कहाँ मानने वाली थीं?
फिर भी मैंने समझाया,
'मदद! हाँ, बिल्कुल सही
पर अभी नहीं,
अभी बाहर जाने में
खतरा है, शाश्वती।'

'खतरा कैसा?
जो थी मेरा जीवन-धन,
जिसका मैं जीवन-धन थी,
वह तो चली गई माँ मेरी।
अब मैं कंगाल
इस जगत में और क्या गँवाऊँगी?
लड़ूँगी वायरस से
तो कुछ चैन पाऊँगी।
कितने हैं ऐसे लाचार
जो अपनी आवाज़ नहीं उठा रहे,
या उठा भी रहे हैं तो
दूर तक नहीं ले जा रहे।
चाहते हैं थोड़ी मदद, थोड़ा सा सहारा
बाकी तो किस्मत है, डूबें या पाएँ किनारा!

'सुनाई दे रहीं मुझे जो आवाज़ें
उनके लिए घर से निकलना होगा।
ज्यादा कुछ नहीं, बस
कुछ दवाइयों का इंतजाम,
ऑक्सीजन के सिलेंडर,

आखिर माँ छोड़ गई है
काफ़ी पैसा घर पर।
मुझे सारा पैसा परहित में लगाना है
मानवता को 'वायरसों' से बचाना है।'

'क्या पागलपन है!
तुम सब कर सकती हो
महामारी के बाद।
शाश्वती, हम अपने घर भी बेच देंगे
जो धन मिलेगा, उसे दान करेंगे,
किंतु अभी शांत हो जाओ
थकी हो, आराम करो
स्वयं पर तरस खाओ।'

'न!' तुम्हारा छोटा सा उत्तर।
तुम बाहर की दुनिया में
जाने को तत्पर।
मैंने आखिरी सिक्का उठाया
खोटा था, कोशिश करके चलाया,
'मैं तुमसे शादी नहीं करूँगा,
यदि तुम मेरी बात नहीं मानोगी।'

'विश्व !.....
ओह !.....
ऐसा !.....'
तुमने गहरी साँस भरी,
'विश्व, तुम मुझे छोड़ो
इसके पहले मैं तुम्हें छोड़ती हूँ,

तुम मुँह मोड़ो मुझसे
इसके पहले मैं तुमसे मुँह मोड़ती हूँ।'
कह तुमने अपना हाथ
मेरे हाथ से हटा लिया।

धक्का लगा दिल पर।
तुमसे दूर होने की कल्पना असहनीय।
ऊपर से अहं पर चोट।
'दुनिया सँवारने के लिए
मुझे ठुकरा रही हो,
क्या नहीं जानतीं
क्या करने जा रही हो?' मन में उठा।
माँ जी के जाने का सदमा
तुम पर बहुत गहरा है
मैं जानता था,
तुम थकी हो, दुःखी हो, हताश हो
वायरस ने जो घात दी
उससे तुम निराश हो,
ऐसा मानता था।
एक बार फिर प्रयास किया,
'तुम्हारे भले के लिए कह रहा हूँ शाश्वती,
ज़िंदगी रहेगी तुम्हारी,
तभी औरों के लिए कुछ कर पाओगी।'

'मैं अपने ऊपर किसी तरह का
बंधन नहीं चाहती।
तुम चलो अपनी राह
मैं अपनी ज़िंदगी चलाऊँगी।

लॉकडाउन के समय, महामारी के चरम पर
मेरा शौक नहीं बाहर जाना,
यह जरूरत है मेरी,
जानती हूँ, मुझे कब, क्या है करना।'

चली गईं मुझे अवाक् छोड़ तुम
बाहर की दुनिया में।
क्या किया, कैसे किया
नहीं पता।
पर जो किया, जी भर किया,
जीने के लिए किया,
जीवन के लिए किया,
जीतते हुए किया।
महामारी के कठिन समय में
न जाने कितनों को खाना खिलाया,
मरीजों को अस्पताल पहुँचाया,
दवाइयों के इंतजाम में तुमने
रात-दिन एक किया,
अपना पैसा लगाया।

सबसे बड़ी बात
तुमने मेरे मन में विश्वास जगाया
कि हम दुनिया बदल सकते हैं।
मैं हैरान था तुम्हारा यह रूप देखकर।
एक नया सा रूप!
तुम्हें अपनी जीवनसंगिनी के रूप में चुना,
इस पर मुझे फ़ख़्र होने लगा था।
गली के कुछ लड़के तुम्हारे साथ थे।
उन्हें तुम पर विश्वास था, तुम्हारे नेतृत्व पर भी।

पर..
पर मैं जिद पर अड़ा, तुमसे दूर खड़ा
स्वयं को बार–बार यही समझाता रहा,
'जीवन एक बार मिलता है,
जीने का मौका फिर नहीं आता,
विश्व, इसे मत गंवाओ,
घर के अंदर रहो, बाहर मत जाओ।
गलती कर रही है शाश्वती
समझ जाएगी,
जल्द ही वापस लौट आएगी।'

पर तुम नहीं लौटीं।
हमारी गली के शंकर ने
यह बात मुझ तक पहुँचाई,
'शाश्वती दीदी दो दिन से बीमार हैं,
विश्व भाई,
सिटी हॉस्पिटल से खबर आई।'
शंकर पूरी बात बताता चला गया,
'दीदी जिद पर अड़ीं,
लोगों की सेवा में खड़ीं,
यह देख उत्साहित थीं
वैक्सीन लगवाने की तिथि आ रही है।
किंतु उसके पहले ही
कोरोना की लहर ने उन्हें पकड़ लिया,
कमजोर नहीं थीं वह, असावधान भी नहीं,
पर संक्रमण ने उनके फेफड़ों को जकड़ लिया।
वायरस का न जाने कौन सा स्ट्रेन था
बेहद बीमार हुईं शाश्वती दीदी

हॉस्पिटल पहुँचा दी गई हैं।
जिनसे वादा किया था उन्होंने मदद करने का,
वे शायद उनके इंतज़ार में
सड़कों पर राह देख रहे हैं।'

मदद की जो शृंखला तुमने बनाई थी,
वही सामने आई थी।
तुम्हारी मदद को उठे हाथों को देख
शंकर हैरान था।
मैं सुनता रहा,
बताता गया वह,
'दस दिन से रात-दिन एक कर
दीदी कर रही थीं दूसरों की मदद,
तो न जाने कितने लोग
उनकी मदद को आगे आए।
आश्चर्य, चारों ओर हाहाकार है, फिर भी
अस्पताल में रूम-बेड तुरत मिल गए,
रक्त में ऑक्सीजन कम हो रही थी,
उसका प्रबंध भी हो रहा है,
आप चिंता मत करिए भाई,
दीदी जल्द ही वापस आएँगी।'

एक ठेस और!
और टूट गया मन का दर्पण।
किरचों में बिखरा तो
मेरा मान हुआ हज़ार गुना,
हर टुकड़े ने बन दर्पण मुँह चिढ़ाया।
'ओह, बीमारी में भी मुझे नहीं बताया!

एक फोन तक न लगाया!
इतना गुमान!
अब भुगतो शाश्वती,
जो बोया है, खुद ही काटो।'
न जाने क्यों, मन में आया।

सोचा, अब नहीं मिलूंगा तुमसे कभी,
जब तुमने मान लिया पराया तो
जरूरत ही कहाँ रही मिलने की!
सड़कों पर बिखरा संक्रमण,
मुझमें नहीं ताब उसे झेलने की।
डर रहा था वायरस से,
कतरा रहा था घर से बाहर निकलने के नाम से।

पर मन, क्या कहूँ इसे?
एक अशरीरी बेकाबू शय,
जिसे नहीं वायरस का भय।
और मेरा शरीर, उसने भी छोड़ दिया था मेरा साथ।
विद्रोही मेरी आँखें, दुःख से जल रही थीं,
तुम्हें देखना चाहती थीं उसी पल।
मेरी रग-रग पछता रही थी,
बार-बार यह बात सिर उठा रही थी,
'क्यों निकलने दिया तुम्हें
घर से बाहर अकेले?
मैं साथ क्यों न गया
कष्ट तुमने अकेले ही झेले!'

दिख रहा था

कोरोना की दूसरी लहर ने
हमारे घरौंदे को उजाड़ने की कसम खाई है।
यह अलग बात थी कि
जब तुम मुझे छोड़ गई थीं तो
रिश्ता तोड़ गई थीं।
पर कैसा अलगाव हमारा,
यह प्यार का इम्तिहान था।
संक्रमण का डर
जा चुका था जाने किधर,
धिक्कार रहा था मेरा मन मुझे,
'हाथ थामा था जिसका,
जीवन भर माँग में सितारे सजाने के लिए,
मिल-मिलकर सपने सँजोने के लिए,
क्यों जाने दिया उसे घर से बाहर अकेले
भयानक वायरस से जूझने के लिए!'

❑

प्यार सिर्फ़ प्यार होता है

प्रेम वज़ूद रखता है,
यह मैं उस पल जान पाया,
जब स्वयं को सिटी हॉस्पिटल के सामने पाया।
भौचक्का था मैं,
'मैं स्वयं तो नहीं आया, मुझे यहां कौन ले आया?'
यह तुम्हारे माँ के जाने के बाद का बारहवाँ दिन था।

तुम संक्रमित
तुम्हारे पलंग के पास खड़ा मैं,
कभी सिसक रहा था,
कभी आँसू बहा रहा था,
बिलख रहा था कभी, साथ ही
अपने बाल नोचता जा रहा था।
मन में अंदर तक तड़प,
'क्या हो रहा है,
यह कौन-सी आग है, जो जल रही दिल के अंदर,
जलती ही जा रही है?'

बुझाना नहीं चाहता था, उस दर्द भरी वह्नि को
जल जाना चाहता था, उसकी आग में मैं भी।

पश्चाताप, पश्चाताप और पश्चाताप!
मेरे चारों ओर पछतावे के साये थे।
हॉस्पिटल में मैं अकेला न था
तुम्हें संभालने तो न जाने कितने लोग चले आए थे।
फिर भी तुम्हारे चेहरे पर
जो चमक आई थी मुझे देखकर,
उससे सभी ने समझ लिया कि
प्रेम वज़ूद रखता है, रखता रहेगा,
किसी वायरस की औकात नहीं,
जो प्यार को संक्रमित करे।

'न मलाल नहीं
सब लिखा-बदा है,
होनी बहुत बलवान है।'
तुमने कहा, फिर पूछा,
'नाराज हो विश्व, अभी भी?'
'न, कभी नहीं!' तुम्हारे हाथ को थाम
मैं फिर से रो पड़ा।
'दूर हटो, संक्रमित हूँ मैं।' चीखीं तुम।
रोता रहा मैं, हाथ न छोड़ा तुम्हारा।
अशक्त थीं, शिथिल थीं
सौंप दिया तुमने स्वयं को, वक्त के हाथों में,
न, विश्व के हाथों में।
एक बार फिर एक हो गए थे हम
कभी भी दूर न जाने के लिए।

पर ताकत कहाँ थी मेरे हाथों में
जो तुम्हें संभालता?
यों भी लोगों ने खींचकर मुझे
तुमसे दूर कर दिया।
उसके बाद हमेशा दस्ताने बीच में रहे,
स्पर्श तक नहीं कर पाया।
डॉक्टरों का पहरा था, तुम्हारे पास कैसे जाता?
बहुत विनती करता तो बंदिशों के साथ
तुमसे थोड़ी देर बात करने का अवसर पाता।

'भले आदमी, मरीज पर तरस खाओ,
दूर रहो संक्रमित से,
कुछ तो होशियार नज़र आओ
महामारी पर रोक लगाओ।'
डॉक्टर ने मुझे बार-बार समझाया,
'समझदारी से चलो, मरीज को सुधरने का मौका दो
एक बार रिकवरी शुरू हुई तो शाश्वती ठीक होती चली जाएगी,
ध्यान रखो, स्वस्थ होकर तुम्हारे साथ ही घर जाएगी।'

पर रिकवरी कहाँ थी?
वायरस का वार कुछ ऐसा था कि
दिनोंदिन क्षीण होतीं तुम
वेंटिलेटर पर पहुँच गईं।
मैं हाथ मल रहा था, पछता रहा था
'तुम मेरी ज़िंदगी हो'
हर चिकित्सक को यही बता रहा था।
चाह रहा था तुम पल में ठीक हो जाओ,
जो मन चाहे करो,
बस अस्वस्थ नज़र न आओ।

दुःखद था तुम्हें रोगी-रूप में देखना,
यों रुग्ण कहाँ नज़र आ रही थीं ?
ज़िंदादिल तुम, जीना चाह रही थीं,
पल-पल मुस्करा रही थीं।
लड़ रही थीं भरसक
पर जीत न पा रही थीं।

एक लंबी लड़ाई
बीस दिन तक लड़ी तुमने।
चिकित्सक प्रयास कर रहे थे सारे,
शुरूआत में प्लाज़्मा थेरेपी का भी
सहारा लिया।
उन दिनों तक माना जाता था कि
कोरोना से रिकवर हुए मनुष्य का प्लाज़्मा
ज्यादा बीमार मरीजों के लिए दवाई का काम करता है।
पर जितने प्रयास हो रहे थे,
वायरस उन सभी पर पानी फेरता रहा।
हालत तुम्हारी देख
मैं टूट चुका था,
दिल डूब रहा था मेरा,
घबरा रहा था।

अस्पताल में बीसवाँ दिन, जब तुमने कहा,
'ज़िंदगी का गीत गाना चाहती हूँ।'
'गा लो, हौस मन में न रहे।'
मैं बुदबदाया था।
'तुम न बच सकोगी!'
थोड़ी देर पहले ही डॉक्टर ने मुझे बताया था।

मुस्कराईं तुम
'ज़िंदगी की लड़ी बरकरार रहे
जन्म-जन्मांतर तू ही मेरा प्यार रहे' बोलीं।
'यह जन्मों की बात क्योंकर
अभी तो इसी जन्म
जीना है जी भरकर!'
कहते काँप रहा था मेरा हृदय।

'मत बहकाओ।
मरते को तो सच बताओ।
आओ मुझे एक बार गले लगाओ।'
कहते तुम्हारे आँसू छलक उठे।
मैं आगे बढ़ता इसके पहले ही
तुम्हारे लब लरजे,
'न दूर रहो। संक्रमण का मामला है
मैं न रहूँगी, सब तुम्हें ही संभालना है।
हम अलग हों दैहिक तो भी मिलन शाश्वत,
नहीं प्रेम पर विजयी, कोई शैतानी ताकत।
जीना, मेरे जाने के बाद ज़िंदगी के गीत गाना,
पल-पल मुझे अपने निकट पाना।
इस वायरस पर यही जीत तुम्हारी
युग-युग तक अमर, प्रेमकथा हमारी!'

ओह शाश्वती! मैं निःशब्द था।
कोरोना काल सबके सामने रहा
देखी सभी ने वायरस की
एक-एक घात!
कितनों को तड़पते,
तड़पकर जाते मैंने भी देखा था।

पर जैसे जा रही थीं तुम
वह तरीका थोड़ा अलहदा था।

शैतान, हैवान, इंसानियत के दुश्मन वायरस से
जी-जान से लड़ीं, लड़ते-लड़ते थकीं
पर हारी नहीं तुम।
नीली पड़ती जा रही थीं,
हँस रही थीं, मुस्कुरा रही थीं,
मानो वायरस को चिढ़ा रही थीं।
ऑक्सीजन लेवेल गिर रहा था तुम्हारा
पर आँखों की चमक बरकरार,
'जीतूँगी महामारी से' यह विश्वास भरा संकल्प
अपनी जगह दृढ़।

बार-बार तुम्हारी आँखें मुझसे ले रही थीं वादा,
'मेरे बिना भी तुम अपने को सँजोना,
संसार को वायरस से बचाना,
मानव को मानव बनाए रखने के लिए
आखिरी दम तक लड़ना!
मेरे विश्व,
तुम मेरे बाद भी
सुरक्षित बने रहना।'

शाश्वती, जाते हुए से झूठ बोलना अच्छा नहीं होता
पर मुझे झूठ बोलना पड़ा।
जो बातें नहीं निभाऊँगा, जानता था मैं
उन पर भी अपनी हथेली को खोलना पड़ा।
तुम चाहती थीं मेरे खुले हाथ पर
रखना अपना हाथ,
पर अशक्त होती जा रही थीं, समय के साथ।

मुँद गईं पलकें तुम्हारी
मुस्कान बरकरार थी,
हम एक–दूसरे को छू नहीं सकते थे
बीच संक्रमण की दीवार थी।
डॉक्टर की सख़्त ताकीद कि मैं तुम्हें न छुऊँ
तुम्हारा संक्रमण बहुत घातक है, तुमसे दूर रहूँ।

सारे सिस्टम रुक गए तुम्हारे
तुम कोमा में चली गईं,
कुछ ही देर के अंदर
तुम्हारी साँसें थम गईं।
दूर से देखा मैंने, पर एकदम साफ,
अजब शांति थी तुम्हारे चेहरे पर,
भय नहीं था वहाँ, दुःख भी नहीं था।
कह रहा था तुम्हारा चेहरा,
'जीवन खुली किताब
हरफ़–हरफ़ पढ़ो,
मिसाल बने औरों के लिए
ऐसा चरित गढ़ो!'

चली गईं तुम, जाना ही था
जीवन और मृत्यु, गीत के दो अंतरा,
जिया जिसने जीवन
उसे अंतिम सत्य पाना ही था।

रहा अवाक्, मैं हतभागा
हाथ से गिरती समय–रेत रोक न पाया।
डरती थीं तुम आग में जलने से
तुम्हें मैंने जलाया।
ऊबती थीं एकाकी होने से

मैं तुम्हें नदी में छोड़ आया।
हाँ, तुम्हारे फूल मैंने तुरंत यमुना में बहा दिए।
कहते हैं यह नया रिवाज़ है,
'गंगा में प्रवाहित करने के बजाय
यमुना में बहाना!'
पर मैं नया ही तो करना चाहता था,
सबसे अलहदा रंग से
ज़िंदगी को रंगना चाहता था।

लहरों के साथ न जाने कितनी दूर जाओगी,
डरता हूँ तुम्हारे लिए
अकेली हो,
डर तो न जाओगी!
यमुना के साथ साथ मैं भी
न जाने कितनी दूर चलता जाता हूँ,
ताकि जानती रहो तुम
मैं साथ हूँ तुम्हारे।
फिर भी, दूर नहीं जा पाता,
फिर लौट आता हूँ उसी जगह,
बार-बार लगता है
जहाँ मैंने तुम्हें जलाया था,
वहीं खड़ी हो तुम
मेरे इंतज़ार में।

❑

किसके पहरे हैं जीवन पर

कौन मैं?
मैं विश्व।
नीले आकाश के नीचे
तारों की छाँव में बैठा,
सोचता जा रहा हूँ
क्या जरूरी था लाखों का जाना,
लाखों की आँखें खुलने के लिए?

रात का अंधेरा
पर,
समीप जलती चिताओं की रोशनी,
रात अब रात कहाँ रही,
सब कुछ दिख रहा है, एकदम साफ।
कहाँ तक लड़ूँ परिस्थितियों से,
नसीब की रेख ही विपरीत हो चली।
राह को सीधा सतर बनाना
असंभव दिखने लगा।
हार चुका हूँ महामारी से,
सच्चाई को स्वीकारने से पीछे नहीं हटता,
मानता हूँ मैं हार चुका हूँ।

यह कैसा समय,
जो आँसुओं के जोर पर आगे बढ़ रहा ?
कितनी आहें, कराहें, सिसकियाँ, शोकगीत
समाहित हवाओं में।
संवेदनाएँ पत्थर बनीं,
पत्थर रोते संवेदना में।
धरती में दफ़न होते मनुष्य,
कम पड़ती कब्रों की जगह।
जलती चिताएँ पंक्तिबद्ध,
पंक्ति तोड़ जलने को आतुर चिताएँ।
रात से दिन, दिन से रात
कहाँ से हुई बात की शुरूआत
अब तो याद ही नहीं।
लगता है, हमने इस महामारी के लिए ही जन्म लिया था
और जी रहे हैं, इस महामारी से मरने के लिए।

धरती मौन, दिशाएँ शांत
फिर भी एक मूक रुदन फ़ज़ाओं में।
पंक्तिबद्ध चिताएँ
क्या कह रही हैं आग के स्वर में ?
सुन सकता है कोई ?
'यदि नहीं हुए सावधान हम
तो एक दिन ऐसा भी आएगा
जब मनुज इस पंक्तिबद्ध संस्कार को भी
तरस जाएगा
जहाँ में कोई बचेगा ही नहीं
किसी को आग देने को
तो कौन किसके लिए रोएगा,
कौन किसके लिए शोकगीत बनाएगा ?'

कुदरत का हर कोना प्रश्न उठा रहा,
क्या मेरी धरा सदा से ऐसी थी ?
कैसा था धरा का स्वरूप
कैसा होता जा रहा !
उन्नति के नाम पर
जो कर रहे हम, प्रकृति के साथ
खुले शब्दों में कहें तो वह है
सिर्फ़ आघात और अपराध।
आज धरा का जो स्वरूप, उसे हमने बनाया है
पहुँची है मानवता जहाँ, वहाँ हमने पहुँचाया है।
महामारी हो भले
प्राकृतिक या मानव निर्मित,
प्रयोगशाला में तैयार वायरस या
जानबूझकर फैलाया जैविक हथियार,
पर परिस्थितियाँ हमारी अपनी हैं।
बच सकते थे पहले भी, नहीं बचे
आज भी बचने के प्रयासों की कमी है।

सभ्यता के आरंभ से ही
समाज में वर्गगत अंतर
बना था, बना ही रहा।
क्यों कोई भरपेट खाकर बचा भोजन फेंकता,
क्यों कोई उसे कूड़े से बीनने पहुँच जाता है ?
कोई अपने कुत्तों को महंगे बिस्किट खिलाता,
कोई भूखे पेट सो जाता है !
जबकि एक ही खून लाल रंग का
सभी की रगों में बहता।
जरूरत के समय
होती हैं मिन्नतें जिसकी,

जरूरत निकलने पर उसी पर वार होता।
इतनी–सी बात क्यों भूल जाते हैं हम
कि अपने किए का हिसाब
हर हालत में इसी जहाँ में होता,
इंसान काटता है वही फ़सल, जो वह बोता।

विधाता की अनमोल भेंट
यह खूबसूरत जीवन,
जिसे और ज्यादा सुंदर
बनाना चाहते हैं हम।
और इसी सुंदरता की झोंक में
कुरूपता के पास पहुँचते जाते हैं,
धरा पर बोझ बनते हैं,
आपदाओं की शृंखला बनाते हैं।
दखलअंदाज़ी अपने साथ
कभी की बर्दाश्त कुदरत ने?
जितना छेड़ेंगे कुदरत को
अपना ही नुकसान करेंगे,
बदलेंगे नदिया की धारा
खामियाजा भी हम ही भरेंगे,
तोड़ेंगे पहाड़
मारेंगे अपने पैरों पर कुठार,
काटेंगे पेड़
तरसेंगे शुद्ध वायु के लिए।

आज बचना चाह रहा हूँ अपने साये से भी।
और साये ऐसे कि छोड़ते ही नहीं।
कौन से साये हैं, जो सोते से जगाते हैं,
कौन है ये लोग, जो मेरे पास चले आते हैं?

इंसाफ़ की चाह इन्हें,
इंसान थे कभी ये भी,
एक वायरस ने बना दिया
आँकड़ा जिन्हें।
आज भीत करती इनकी चीत्कार,
कभी अंदर, कभी बाहर,
अनवरत रुदन,
हवा में घुलती पुकार।

शोकगीत उन सभी के लिए
जो नहीं देते दिखाई,
या उनके लिए
जिन्हें शिकार बनाने महामारी आई।
पूरे संसार में घुल-मिलकर रहने के
मैंने सपने देखे थे,
हाथ थामा था तुम्हारा शाश्वती,
पर मेरी आँखों में
इस संसार के ख़्वाब सुनहरे थे।

अंत कहाँ इस शोकगीत का
यह तो अंतहीन राग है,
दर्द की स्याही अमिट
अनवरत विराग है।
आज समय गवाह, समय का,
कितने चले गए इस महामारी में।
चले गए कितने ही, दर्ज हुए किताब में।
और ऐसे कितने ही गए,
जिनका आँकड़ा तक पता नहीं।
कुछ प्रश्न छोड़ गए वे हमारे लिए।

मेरे चारों ओर घूमते वे प्रश्न,
मुझसे उत्तर नहीं माँगते,
बस मेरे अंतर में बस गए हैं।

पूछ रहा हूँ स्वयं से,
क्या उनका दर्द, दर्द नहीं होगा
जिनका नाम कोरोना शिकार में
दर्ज नहीं होगा?
क्या अमीर के जाने का दर्द और
गरीब के जाने का दर्द,
अलग-अलग होता है?
क्या पैसा इंसान की कीमत तय करता है,
या पैसा पास होते हुए भी इंसान तनहा ही मरता है?

न जाने कितने प्रश्न
इस महामारी ने उठाए हैं,
उठे जितने प्रश्न, उतने ही
उत्तर सामने आए हैं।
एक ओर स्वार्थ से अंधी दुनिया
सामने आ रही,
तो दूसरी ओर एक दुनिया
अपना जीवन तक
दूसरों को दान करती जा रही।

जरूरतमंद के लिए प्लाज़्मा का इंतज़ाम करते,
या बिना जाति-धर्म-रोजगार पूछे
दूसरे के ऑक्सीजन-सिलेंडर भरते मनुष्य,
या रात-दिन एक कर भूखे को खाना खिलाते,

या बीमार को दवाई पहुँचाते लोग,
या जरूरतमंद को देते अपना बेड
भले दुनिया छोड़ जाते!
यह भी एक सच है कि आज
इंसान की एक नई कौम सामने है,
जो बिना बोले जतला रही,
'ऊँच-नीच, अमीर-गरीब, जात-पाँत के भेद
इंसान ने बनाए हैं,
कुदरत की नज़रों में हैं सभी समान
यही बात बार-बार धरा-आसमान तक
सिखाते चले आए हैं।'

दर्द भी एक, एक-सी दवा
संक्रमण हवा में, इलाज भी हवा,
बहाए कितने ही आँसू
पर प्रयासों में कमी नहीं,
चिकित्सक वर्ग अपनी दुनिया भूल
जुटा है अपनी दुनिया बचाने में।

जो चले गए
नमन शत-शत!
इंसान समझ रहा आज
इंसान की कीमत।
मानव के आगे बढ़ने के लिए,
महामारी से लड़ने के लिए,
वायरस की हार के लिए,
समय के सुधार के लिए,
जरूरत है इंसानियत के

पारावार की,
जो कभी एक नहीं थे, एक हो जाएँ
ऐसे परिवार की।

महामारियाँ कितनी ही आईं,
कितने हुए असमय बरबाद,
पर क्यों नहीं लेते सबक हम,
क्यों नहीं रखते याद
अपनी सुरक्षा ही
अपनों की सुरक्षा है,
और सबसे ज्यादा अपनी
अपनी धरती माँ है।
सावधानी रखना ही बुद्धिमानी है,
हमारे हाथ है भविष्य की धरोहर
जो हमें भविष्य तक पहुँचानी है,
बिना हाथ लगाए
बिना छेड़े
बिना नुकसान पहुँचाए
भविष्य को थमानी है।

भविष्य कौन सा?
एक सुंदर जीवन
जिसे हम आज बरबाद कर रहे,
या वह वायरस है हमारा भविष्य
जिसे हम दिन दूना, रात चौगुना
आबाद कर रहे?

समय दर्ज हो चुका है किताबों में

कितने ही लोग आँकड़ों में बदल चुके हैं।
विश्व भर में लाखों मौतें
कोरोना की वजह से,
और सिलसिला अभी रुका नहीं।
'आने वाले दिनों में केस बढ़ेंगे'
विश्व स्वास्थ्य संगठन की चेतावनी!
फ़र्क पड़ा है कब मनुज पर चेतावनी का
चेतावनी को नकारना ही सीखा है मनुष्य ने
यही उसकी हिम्मत है यही उसकी पहचान!
पर.....

पर.....
अब सोच को थोड़ा बदलना होगा।
महामारी का चौतरफ़ा वार।
घर की दीवारों में कैद
कितने ही लोग हुए
दिमागी असंतुलन का शिकार!
उन्हें संभालना, धीरज बँधाना,
बताना,
यह दुनिया हमारी है,
जिसने जबरन कब्जा किया,
उस महामारी को मिटाना
हमारी जिम्मेदारी है।

हाँ, अब समय आ गया है
मनुज समझदार बने,
जो है सही, उस राह पर चले
और गलत को तुरत छोड़े।

'गेहूँ के साथ घुन भी पिसता है'
बहुत हुई यह बात।
अब घुन अलग, गेहूँ अलग
दूध का दूध, पानी का पानी।
संस्कार डालेंगे हम आज
तो संभवतः आने वाली पीढ़ी,
कल कर सकेगी
सही–गलत की पहचान।

कैसे भूल जाता है कोई
कुछ भी नहीं स्थायी!
जबकि
जोड़ता है तिनका–तिनका
पंछी भी मन लगाकर।
जीवन जीने की कला यह,
जितने दिन जिएँ
जिएँ हँसकर–मुस्कराकर।
यह क्या कि अपनी खुशी की खातिर
दूसरे का खून पिएँ,
मानो सदा रहना है यहाँ
जुगत ऐसी–ऐसी लगाएँ,
रीति महल बनाने की
नित नई सीखें–सिखाएँ।
नदी को परिधि में बाँधना
या कैद करना हवा को दीवारों में,
आकाश में घर बनाना,
आग पर चलना–चलाना,
धरा को पैरों तले कुचल सुख पाना!

क्यों भूल जाता है मनुज
क्या उचित, क्या अनुचित कर्म,
जबकि दूसरों के लिए जीना ही
है मानव का सर्वोपरि धर्म।

नाटक में दृश्य बदलते हैं,
अच्छे की उम्मीद जारी।
दुश्मन चारों ओर हैं
जरूरत है हमें नई ताकत पाने की।
वैक्सीन महामारी पर रोक लगा रही है और लगाएगी।
एक वैक्सीन हमारी आत्मा पर कवच बिछाएगी,
न छू सके अंतरात्मा को कोई कलुष,
एक न एक दिन हमारे अंदर इतनी ताकत आएगी।

जरूरत नए युग की!
एक नई शुरूआत!
अपने पर नियंत्रण
आदतों पर, आचरण पर,
कुदरत में भी स्पंदन प्राणों का
जानते हैं हम, मानना भी होगा।

❑

क्या करूँगा मैं अकेला

शोकगीत की शुरूआत दर्द से।
जुड़ता दर्द बूँद-बूँद
समंदर लहराता है,
लहर-लहर समंदर
गीत बन जाता है।
दर्द बना समंदर
समंदर बना गीत,
आँसुओं की भाषा
पुकारे अपना मीत।

जितना बढ़ता गीत
मीत उतना याद आता है,
आँसू मन के बाहर-अंदर
प्रेम बहता-कहता जाता है,
'मैं शोकगीत,
दर्द-टीस साकार।
पूरी सृष्टि ही तो है
मेरे प्रिय का रूपाकार!'

आज नदी के किनारे
शोकगीत के बहाने,
याद कर रहा हूँ
अपने वादे पुराने।
टूटा हूँ, टूटा ही रहना चाहता हूँ
प्रेमी हूँ, प्रेम में ही जीना चाहता हूँ।
शाश्वती, तुम हो तो यह सारी दुनिया हमारी
तुम नहीं तो कुछ भी नहीं, यह दुनिया सारी।

दूर तक फैली यमुना
दूर तक जलती चिताएँ।
यहीं आज दिन में मैंने
तुम्हें अग्नि के हवाले किया।
साथ ले न सके हम
सात फेरे अग्नि के,
पर तुम्हारी चिता संग मैंने
ब्याह रचा लिया।
कितने फेरे लिए तुम्हारी चिता के
याद नहीं,
पर आखिरकार बँधा तुमसे
संतोष यही।

फिर भी मन
बार–बार पछता रहा है,
मैं सोचना नहीं चाहता
मन याद दिला रहा है,
'मिलकर गाया था एक गीत
उसमें शोक कहाँ था?

था महज प्रीति–संगीत
ध्वनित सारा जहाँ था।'

अब ज़िंदगी खाली हाथ,
खाली सपनों की बिसात,
मेरे आस–पास बिखरी
इंसान की मात।
जलती चिताएँ सबूत,
पराजित मेरा वजूद!
बनूँगा साक्षी इस समय का
स्वप्न में भी नहीं सोचा था।

सपने देखे थे हमने
दुनिया को सँवारने के,
अपने प्यार को निखारने के।
'प्यार ही प्यार दुनिया में फैलाएँगे
हम मानव को महज़, मानव होना सिखाएँगे।'
यही थे हमारे सपने, हमारा खुमार,
जिसके लिए हम कर रहे थे
महामारी जाने का इंतज़ार।
'हम सात फेरे लेंगे अग्नि के
संसार से कोरोना के जाने के बाद'
तुमने यह तय किया था,
'हमारा होगा एक खूबसूरत सा परिवार'
यह भी बता दिया था।

'मैं चाहती हूँ हमारे ढेर सारे बच्चे हों।'
एक बार तुमने कहा।

‘कितने ?’ मैं भयभीत हो उठा।
‘यही कोई दस–बीस–पचास–सौ
या चलेंगे और भी ज्यादा।’
मैं हतप्रभ, नहीं समझ पाया
क्या है तुम्हारा इरादा!

‘विश्व,
हम ढेर सारे बच्चे गोद ले लेंगे।
एक पूरा अनाथ आश्रम।
कितना अच्छा लगेगा
जब सौ–दो सौ बच्चे मुझे ‘माँ’ पुकारेंगे।
मैं माँ, तुम पापा
हमारा छोटा सा संसार,
कहो,
करते हो न मुझसे प्यार ?’

‘हाँ, छोटा सा संसार!
प्यार ही प्यार बेशुमार!’
मैं बुदबुदाया।
‘कुछ ज्यादा ही ‘छोटा सा’
नहीं हो गया क्या ?’

‘न, ठीक है, इतना चलेगा,
हम इतना ही संभाल पाएँगे।
जेब में पैसा होगा,
तभी तो बच्चे पाल पाएँगे।
तुम कमाना
मैं उड़ाऊँगी अपने तरीके से,

हिसाब रखूँगी एक-एक पाई का
बहुत सलीके से।'

मैं चुप रहा, अनमना सा।
तुम बोलीं,
'यह मजाक नहीं है
यदि साथ चलना है तो
एक-सी सोच रखनी होगी,
नहीं तो राहें अलग।
जरूरत क्या एक साथ आगे बढ़ने की?'
तुम गंभीर थीं।
इतनी गंभीर कि मैंने
हामी भरी सिर हिलाकर।
पर अपने मन में कहा,
'उफ़.....
कितना रोब जमाती हैं लड़कियाँ,
जो चाहती हैं
पूरा करवाती हैं लड़कियाँ।'

कहाँ चली गई तुम अचानक
अपनी ज़िद त्याग के?
आज पछता रहा हूँ मैं
कितनी छोटी माँग थी तुम्हारी
और मैं हिचक रहा था वादा करने से।
'शाश्वती, लौट आओ
आज वादा कर रहा हूँ,
तुम रहो मेरे साथ, मैं मान लूंगा
तुम्हारी हर एक बात।

कोरे कागज पर दस्तखत मेरे।
आओ, रोशन करो साँझ-सवेरे।
मेरे जीवन की स्वामिनी,
छेड़ो प्रीति-रागिनी।'

मन में मेरे,
पछतावा ही पछतावा!
अपने से
नफ़रत ही नफ़रत!
कैसे जाऊँ घर,
भूल चुका हूँ रास्ता ही जब।
काश, तुम्हें अकेला न बाहर जाने देता!
काश, मैं भी तुम्हारे साथ सड़क पर निकल जाता!
तुम परवाह करतीं दुनिया की
और मैं तुम्हें सँजोता-रखाता,
गलती करतीं तो समझाता
शायद मैं तुम्हें वायरस से बचा पाता!

वायरस की जीत
हमारे प्यार के ऊपर,
झेलनी है मुझे ताउम्र
तुम्हारे बिना जीकर।
प्रश्न यह कि
मेरी ज़िंदगी कितनी,
तय यही कि
तुम्हारे प्यार जितनी।

तुम बिन जीवन झंझावात

कँपकँपाती लौ ज़िंदगी की,
नहीं देखना चाहता
सुबह कल की।
पर गीत रच रहा हूँ प्रीति के
क्योंकि तुम्हें याद करना पल-पल
मेरी पूर्ति है।
बूँद-बूँद-बूँद मेरी यादें
घट-घट-घट मेरे आँसू,
लमहा-लमहा घटती मेरी ज़िंदगी
बढ़ती आस-प्यास मिलन की!

शोकगीत बनाना आसान,
जीना कठिन।
तुम्हारे जाने से उपजा यह गीत
या मन में पहले से था कहीं?
और मन कहाँ है मेरा
दिखता ही नहीं।
मर गया है मेरा मन
या तुम्हारे साथ चला गया है?
ज़ार-ज़ार रोता दिल,
दिमाग होता तार-तार,
याद आतीं तुम बार-बार,
कितना जटिल प्रिय बिन जीवन।
चिताओं की राख
मस्तक पर, तन पर मलता
नहीं समझ पा रहा,
कैसे जियूँ तुम बिन, शाश्वती
पल-पल मरता जा रहा।

उलझन!
उलझन!
उलझन!
सूरज का गोला शाश्वत लाल
और सुबह का रंग सुनहरा,
आकाश नीला, नदिया नीली
धरा का आँचल धानी-हरा।
मैं रोना नहीं चाहता, कीमती है ज़िंदगी
इसे खोना नहीं चाहता।
पर वादे निभाने के लिए किए जाते हैं,
इस सच्चाई को जानता हूँ।
तुम्हारे बिना जा भी नहीं सकता,
रह भी नहीं सकता, इतना मानता हूँ।
फँस गया हूँ अजब दायरों में
कहाँ है समाधान, कौन संभाले मुझे!

एक क्रूर दुनिया ने
हमें अलग कर दिया।
पर मैं तुम्हारे साथ ही रहना चाहता हूँ।
ओ मेरे छूटे हुए ख़्वाब!
प्रात की पहली किरण संग
तुम्हारे पास चला आऊँगा।
कोमल गात! कमनीय प्रभात!
मेरे जीवन की पूर्णता!
जानता हूँ तुम्हें मेरा इंतज़ार है,
वादा था हमारा, एक साथ रहने का
जो अभी बरकरार है।

तुम गुम हुई समय की धुंध में
पर मेरी आँखों में उजली नमी है,
हम दूर हैं आज,
बस यही तो कमी है।
अपनी समस्यापूर्ति का
पा रहा हूँ समाधान,
एक साथ रहना ही
है विधि का विधान।
विधान पूर्ण, होगा मिलन दोबारा
सदा–सर्वदा अमर, अमिट प्रेम हमारा।

प्रभात की पहली किरण संग
तुम्हारे पास पहुँचना
संकल्प मेरा,
अब कैसे रास्ता पाऊँगा,
यह तय करने का दारोमदार
प्रभात पर छोड़ा।

एक शोकगीत को
सम पर पहुँचाने के,
प्रीति को पूर्ण बनाने के,
कितने ही उपाय मुझे नज़र आते हैं।
जानता हूँ, है मिलन आसान
पलायन का रास्ता भी खुला,
फैली महामारी के बीच
कितनों ने आत्मघात किया।

तदपि

आज यहाँ
चिताओं के बीच
तलाश रहा हूँ प्रीति की रीत।
कोई तो तरीका होगा जहाँ में
प्रिय बिन मन लगाने का,
कोई तो तरीका होगा
अपने प्यार को अमर बनाने का!

'तुम्हारे बिना मर जाऊँगा'
'तुम्हारे बिना नहीं रह सकता'
'हाय, मैं क्या करूँगा तुम्हारे बिना'
'तुम नहीं तो ज़िंदगी नहीं'
जैसे वाक्य अपना अर्थ खो रहे हैं।
जानता हूँ, शाश्वती
तुम्हारे बिना जी नहीं पा रहा
पर मर भी तो नहीं पा रहा हूँ।

कैसे मर जाऊँ,
जबकि आस बाकी है
हमारे मिलन की।
तुम्हारे सपने, तुम्हारी खुशियाँ
सब कुछ यहीं।
सिर्फ़ गई हो तुम
या गई भी नहीं,
हो यहीं कहीं।
पर कहाँ हो
दिखती क्यों नहीं?

❑

प्रश्नों का आवर्तन

रात को जागता है जो
और दिन में भी जागता है,
रात और दिन का फ़र्क
वही पहचानता है।
जो सो गया, वह जानेगा कैसे,
बिन जाने मानेगा कैसे,
कि रात में क्या घटा
और प्रभात में क्या जुड़ा!

सोच, सोच और सोच
बस इतना ही हाथ, मेरे साथ।
खुले आकाश के नीचे
बैठा नदी के किनारे,
कैसे जीऊँ बिन तुम्हारे
सोचता जा रहा हूँ।

यह कैसा समय
जो मेरे साथ चल रहा?

आँसुओं का प्रवाह,
भय का साया,
तुम कहाँ चली गईं
तुम्हें रोक न पाया!
तुम किस हाल में हो
क्या मैं तुम्हें याद आ रहा हूँ?
या पहुँच गईं तुम जहाँ, वहाँ याद जैसी
कोई बात नहीं होती,
जीत ही जीत वहाँ
कभी मात नहीं होती,
चहुँदिश दिवा-जोत वहाँ
कभी रात नहीं होती?

पर जरूरत क्या थी तुम्हें
सौगात अमरत्व की पाने की,
जो जैसा था, जितना था
तृप्त थे हम,
क्या जरूरत थी तुम्हें
मुझसे दूर जाने की?

ज़िंदगी जोड़-घटा, घटा-जोड़ ज़िंदगी
गुणनफल में रात बीत चली,
प्राची-मस्तक पर प्रभात की लाली
विकीर्ण हुई नूतन-उजली!

उगते सूरज की किरणों संग आता दिखा
छह सात साल का बच्चा,
तीन-चार साल की बहन का थामे हाथ।

सूखे चेहरे! कपोलों पर धूल,
धूल पर खिंची
आँसू की सूखी रेखाएँ।
'माँ कहाँ इनकी, पिता कहाँ
बिना आश्रय इन्हें जाना कहाँ?'
मेरे मन में प्रश्न उठा।

''माँ–बाबा नहीं रहे।'' बड़े बच्चे बिन पूछे ही बताया,
''गाँववालों ने माँ–बाबा को नदी में बहा दिया,
हम 'बीमारी फैला रहे'
कह हमें गाँव से भगा दिया।
बोले गाँव वाले,
'गाँव के पास नहीं आना,
जाओ वहीं
जहाँ तुम्हारे माँ–बाबा का ठिकाना।'
सोचते हैं वे
हम भटकेंगे, पर रोटी न पाएँगे,
कितने दिन भूखे रहेंगे
जल्द ही मर जाएँगे।''

दहल उठा मैं सुनकर,
यह किस दिशा चल दिया समाज?
कोरोना मार रहा है इंसान को,
या निगलता चला जा रहा है
इंसानियत को,
इंसान की सोच को?
तिल–तिल मरती मानवता का सबूत
दे रहा है समय।

"तो अब?" कंपित कंठ मैंने पूछा।
"बहन भूखी है, उसके लिए रोटी तलाश रहा हूँ।
कमाऊँगा,
बहन को खिलाऊँगा।
यों थोड़े ही मरूँगा,
आया हूँ दुनिया में
जीकर दिखाऊँगा।"
छोटे-से बच्चे का छोटा सा उत्तर।

रोटी!
एक वृत्ताकार संरचना,
जिसके लिए मनुष्य दूसरे की जान तक ले सकता है।
आसान है रोटी कमाना?
खेत जोतने से लेकर तवे से उतरने तक का
एक पूरा जीवन-चक्र है रोटी।
बच्चे के चेहरे का आत्मविश्वास जतला रहा था
वह कमा सकता है रोटी।
वायरस ने उसके माँ-पिता को खत्म किया है,
जीवन के प्रति उसके विश्वास को नहीं।
वह अभी भी जी रहा है जीवन,
साँस ले रहा है संक्रमणरहित,
दिखा मुझे।

मैं अवाक्!
रच रहा हूँ शोकगीत मैं,
मरने के रास्ते तलाश रहा हूँ।
घड़ी-घड़ी टूट रहा हूँ,
छूटता जा रहा हूँ अपनी ही पकड़ से।

जबकि जरूरत है इसके विपरीत
जानता हूँ मैं,
एक बार फिर जान रहा हूँ।
शाश्वती, तुमसे किया था मैंने वादा,
'तुम्हारे बिना भी खुद को सँजोऊँगा।
संसार को वायरस से बचाने के लिए,
मानव को मानव बनाए रखने के लिए,
आखिरी दम तक लड़ूँगा
चाहे कुछ हो जाए,
मौत से पहले नहीं मरूँगा!'

मैं हार रहा था
इसीलिए अपने को मार रहा था,
जी रहा है छोटा बच्चा,
इसीलिए महामारी से जीत रहा है।
अपनी बहन का हाथ थामे गर्व से सिर उठाए,
'मैं कमाऊँगा
अपनी बहन को रोटी खिलाऊँगा।'
बच्चा है या तुम्हारे सिद्धांतों का रूप!
शाश्वती, तुम जीवित हो अभी भी
लगने लगा मुझे।
मैं अवाक्!

छोटी बच्ची
भूख-थकान से कुम्हलाई,
अपने भाई का हाथ पकड़ रिरिआई,
''रोटी।''
बिलबिलाया मैं

उठी हूक कलेजे से,
अनायास निकला मुँह से,
"न रो बेटी!"

क्या हर मनुष्य में एक माँ होती है?
या तुम कहीं आस-पास हो,
बस नज़र नहीं आतीं, शाश्वती
मेरे अंदर जी रही हो बखूबी?
मैंने इधर-उधर देखा,
पेड़ों के झुरमुट के पास
चाय की दुकान!
"ठहरो, कुछ लाता हूँ
तुम्हें खाना खिलाता हूँ।"
बच्चों से कहा।

बिस्किट-दूध-डबलरोटी खरीद
बच्चों को थमाया,
वे खाने लगे अविलंब
मैंने दुकान के आसपास पूछा, पता लगाया,
बस इतना जान पाया कि
पास के गाँव में कोरोना ने कहर बरपाया,
कितने चले गए इसका अभी
आँकड़ा तक न सामने आया।
इतना तय था कि उन बच्चों के माता-पिता
पंचतत्व में लीन हो गए दो दिन पहले,
और परिवार ने दोनों बच्चों से नाता खत्म कर
छोड़ दिया इन्हें दर-दर भटकने को।
"अरे साहब, किस-किसकी चिंता कीजिएगा?

ऐसे न जाने कितने अनाथ हुए
वायरस की वजह से।''
चाय वाले ने उपेक्षा से कहा,
''आप घर जाइए, अपने परिवार को संभालिए।
देख रहा हूँ कल से आपको
यहाँ से वहाँ भटकते।
यों श्मशान में कितनी देर धूनी रमाएँगे
जो चला गया है, उसे वापस कहाँ पाएँगे?''

बिना कोई उत्तर दिए
मैं बच्चों के पास आया,
वे खा रहे तन्मयता से
मैंने विचारों का जाल फैलाया।
कोरोना काल में कितने अबोध हुए अनाथ
क्या मैं इसके आँकड़े पाऊँगा,
कितने बच्चे वक्त के हाथों हुए बरबाद
क्या यह कभी पता लगा पाऊँगा?

पर जानना क्यों?
जबकि जानता हूँ अच्छी तरह
इस खूनी वायरस की खूनी फ़ितरत!
बच्चों का अकेलापन, उदासी
सिर्फ़ एक पहचान है वायरस की।
मानवता को मिटाने की
जिसने है ठानी,
यह भी एक चाल है
उसी वायरस की शैतानी।
कोरोना काल में

बच्चों की स्मगलिंग के,
किस्से ही किस्से चक्रबद्ध
मेरे ज़ेहन में घूमते रहे।

छोड़ दूँ इन मासूमों को इनके हाल पर
किसके हाथ पड़ेंगे ये या बेबात मरेंगे ये,
नहीं कह सकता!
और जो न छोड़ूँ इन्हें अकेला
तो क्या इनसे बँध जाऊँ,
अभी तो सूखे भी नहीं
मेरी आँखों के आँसू,
क्यों एक बार फिर
सांसारिकता से जुड़ जाऊँ?

शोकगीत गाते भटकना सरल
दुरूह दुनिया में जीने के तरीके दुश्वार,
अपनी गलतियों को वायरस पर थोपना सहज
और वायरस को मिटाने के तरीके असहज।
धारा के साथ बहना आसान
धारा के विपरीत जाना कठिन,
गए हुए को भूलना सुगम
यादों के साथ जीना दुर्गम।
ज़िंदगी ने मुझे
किस मुकाम पर पहुँचाया है,
उत्तर जानता हूँ सारे
फिर भी
प्रश्न ही हाथ आया है।

❑

गीत पुनर्नव

बाल–रवि नभ में मुस्काया,
खा–पीकर बच्चों के चेहरों पर
सुकून आया।
अचानक पूछा भाई ने,
"अंकल, मुझे कोई काम मिलेगा?
मजदूरी करके अपनी बहन को पालना है,
माँ से वादा किया है
इसे मुझे ही संभालना है।"

वयस छह सात वर्ष
पर गंभीरता छा रही थी,
शाश्वती! बच्चे के चेहरे पर
मुझे तुम्हारी छाया नज़र आ रही थी।
सामर्थ्य से बड़ी बात
पर पूर्ति का संकल्प साथ!

कौन है यह बच्चा, क्या तुम हो शाश्वती?
तुम भी तो माँ जी के जाने के बाद

वायरस से लड़ी थीं,
अकेली थीं, पर
न जाने कितनों के साथ खड़ी थीं।
आज हर मनुज संघर्षरत,
परिस्थितियों से लड़ रहा अनवरत।
तो मैं क्यों संन्यास की करता हूँ बातें,
जबकि अभी तो दे रहा है वायरस
अनवरत घातें!

एक ओर पूरब का सूरज
नदी पर बिछल रहा
दूसरी ओर एक सूरज
उगता मेरे अंतर।
तुम कहीं नहीं गई हो
साथ हो मेरे शाश्वती,
जहाँ-जहाँ देखूँगा, तुम्हें पाऊँगा
यही तो वादा है तुम्हारा मुझसे।
एक खूबसूरत दुनिया,
यही है स्वप्न हमारा।
सपने में कुछ बच्चे,
जिन्होंने हमारा जीवन सँवारा।
इस सपने को छोड़ कहाँ जाऊँ?
यहाँ ये मासूम
देख रहे हैं मुझे सहारे के लिए,
या बन रहे हैं मेरा सहारा
और मैं शोकगीत बनाऊँ?

शोकगीत क्यों?

किसकी याद में?
तुम तो हो पल-पल, मेरे साथ में।
चप्पे-चप्पे में दिखतीं तुम
हँसी तुम्हारी खनकती फ़ज़ाओं में।
सुनता हूँ, मुस्कुराता हूँ,
आगे बढ़ता हूँ उसे छूने,
छू जाती है हवा खुशबू से भरी,
लगता है
तुम कहीं आस-पास हो।
बाँहें फैलाता हूँ तुम्हें थामने को
हर तरफ़ समा जो गई हो तुम।

प्रेम की विधि सुगम-सहज
तुम्हारी याद पल-पल मेरे साथ,
गुंजरित आसगीत चहुँदिश,
स्वप्न साकार, वायरस की हार,
फिर जुड़ेंगे उम्मीदों के तार।
कितने ही बच्चे अनाथ
कितने ही बुजुर्ग लाचार,
जीवन कर दूँ भेंट उन्हें
क्यों छोड़ूँ असमय संसार?

दुनिया के बच्चों के हित
आज मुझे लगना होगा।
मासूम मुस्कानों की खातिर
वायरसों से लड़ना होगा।
नई दुनिया बनाऊँगा मैं, उम्मीद से भरी
न कोई निराशा वहाँ, न कोई महामारी।

जीतना, जीतते रहना
मानव का लक्ष्य!
हारना, हारते जाना
वायरस की नियति!
नई सुबह नवजीवन की
नई दुनिया संकल्पित,
जहाँ न कोई बुराई, न चोरी-चकारी
न कालाबाज़ारी, न महामारी।

बालक, जो रोटी की तलाश में है,
शोकगीत से जिसका कोई वास्ता नहीं,
विश्वास है उसे आगे जाने का
जबकि अभी दिख रहा कोई रास्ता नहीं।
बालक, जो अनजान है
संसार की कठिनाइयों से
अपनी सहोदरा का पालन
करना चाहता है वह।
लग रहा है मुझे
बहुत कुछ सीखना है उससे,
सहारा देगा वह मुझे
हाथ पकड़ आगे ले जाएगा।
आवश्यकता है
उसके हाथ के स्पर्श की।

उसका स्पर्श मेरी शक्ति!
हम लड़ेंगे महामारी से
और अपने आप से।
मनुष्य की विजय जरूरी है
हर वायरस पर विजयिनी मानवता,

हर गलती का अवलोकन-सुधार!
नई इमारत का निर्माण!
नए युग का प्रारंभ!
मुझे नवयुग में प्रवेश कराया बालक ने
प्रत्युत्तर में
मुझे उसके विश्वास को बनाए रखना है,
संसार सच में सुंदर है – इसे प्रमाणित करना है,
ताकि बचपन की मासूमियत बरकरार रहे
धरा पर बिखरा प्यार रहे।

तो मैं क्यों न ऐसा गीत रचूँ
जिसमें मिली हो मेरी मुस्कान
और हँसी तुम्हारी शाश्वती,
धरा के कण-कण में खुशी की लहर,
एक आसगीत प्रकृति का
सुनोगी तुम भी जी भर,
होंगे स्वप्न पूर्ण तुम्हारे
बनेगा प्यार अजर-अमर।

मैं अपने को सँजोऊँगा वादा पूरा करने के लिए।
अनंत काम सामने हैं,
पुलिस को बताना,
दोनों बच्चों को अनाथ आश्रम पहुँचाना,
इनकी देख-रेख, शिक्षा का प्रबंध
और इन जैसे न जाने कितने मासूम चेहरे,
कोमल हथेलियाँ, चमकती आँखें,
वायरस की घात के शिकार,
अभी हैं मेरे इंतज़ार में।

जीवन आगे बढ़ने का नाम है।
न, अब कोई शोकगीत नहीं।
एक उजली मुस्कान है बालक के चेहरे पर।
वह मुझे निहार रहा है उम्मीद से
मैं उसे देख रहा हूँ संजीदगी के साथ।
बालक, कल का भविष्य
उसे संभालना-सँवारना मेरा धर्म!
मेरी ताकत है वह,
मुझे सुधारना उसका कर्म!
नई राहों की तलाश जारी,
उजाला लाने का प्रयास भी।
हमें अंधेरों से
खुद लड़ना है,
एक किरण आस की
खुद बनना है।

मैं विश्व,
अपने ईश्वर की शपथ लेता हूँ,
मानवता की रक्षा के लिए
हर उचित सहज-स्वीकार्य!
जिस दिन इस वायरस की मौत
वही दिन मेरी विजय का!
बल्कि यों कहो हमारी विजय का,
कोरोना-पीड़ित हर इंसान की विजय का,
मानव-मात्र की विजय का,
मानवता की विजय का!
आमीन!

सुबह के सूरज ने

मेरे अंतर को बदल दिया,
मेरे संकल्प को भी।
एक बार फिर हम साथ हो गए,
मैं, बच्चे, तुम भी शाश्वती!
महामारी ने हमें मारा नहीं, एक कर दिया,
समूचा, अखंडित मानव!
हाथ थामे एक-दूसरे का,
एक-दूसरे के लिए मर-मिटने को तैयार।
एक अलख मानव-जागृति का
एक कदम मानव-एकता का।

दो नन्हे हाथों ने मेरे हाथों को थाम लिया है।
तुम भी हमारे साथ हो शाश्वती।
हम जा रहे हैं जीवंत कदमों से समाज की ओर
खुलकर स्वागत करने नई सुबह का,
हँसते-मुस्कुराते रचते आस-गीत
बनते-बनाते जीवन-संगीत।

❑❑❑